剧坛楷模

——封至模画传

主　编　吴小侠
副主编　李梦希　苟登财
　　　　霍耀武　王少亮
　　　　封　山　刘秉军

西安交通大学出版社
XI'AN JIAOTONG UNIVERSITY PRESS

图书在版编目（CIP）数据

剧坛楷模：封至模画传 / 吴小侠主编. -- 西安：西安交通大学出版社，2024. 9. -- ISBN 978-7-5693-2396-2

Ⅰ. K825.78-64

中国国家版本馆CIP数据核字第20247RD399号

书　　名　剧坛楷模：封至模画传
　　　　　JUTAN KAIMO: FENGZHIMO HUAZHUAN
主　　编　吴小侠
副 主 编　李梦希　苟登财　霍耀武　王少亮　封　山　刘秉军
策划编辑　雒海宁
责任编辑　雒海宁
责任校对　李逢国
封面设计　伍　胜

出版发行　西安交通大学出版社
　　　　　（西安市兴庆南路1号　邮政编码710048）
网　　址　http://www.xjtupress.com
电　　话　（029）82668357　82667874（市场营销中心）
　　　　　（029）82668315（总编办）
传　　真　（029）82668280
印　　刷　陕西印科印务有限公司

开　　本　890 mm × 1240 mm　1/16　印张　15.75　字数　357千字
版次印次　2024年9月第1版　2024年9月第1次印刷
书　　号　ISBN 978-7-5693-2396-2
定　　价　288.00元

如发现印装质量问题，请与本社市场营销中心联系。
订购热线：（029）82665248　（029）82667874
投稿热线：（029）82668502
读者信箱：3663342078@qq.com

编委会

顾　问

封玉书　尚长荣　苏育生　封五昌

统　筹

霍耀武　王少亮

主　编

吴小侠

副主编

李梦希　苟登财　霍耀武　王少亮　封　山　刘秉军

图片提供

胡小毛　路增远　张　彬　陈　静

篇章命名

张　卓

“剧坛楷模”题字

路增远

版式设计

张思望　郝飞剑

支持单位

陕西夏声社文化传媒有限公司

序一

封至模先生是戏曲大家，是中华艺坛的先贤，从编剧、导演、教学等各个方面为中华民族戏曲文化的弘扬、传播、繁荣立下了汗马功劳。他忠于民族戏曲事业，永远是我们后辈学习的楷模。

封老与先父交好甚久。1951年、1957年，先父两次来西安演出都受到封老热情接待，后来先父支援西北戏曲教育事业，二人经常谈戏论艺，结下了深厚的友谊。封老对我个人在艺术学习上给予关心、指导、激励，他风度翩翩、仪态高雅，让我感到如沐春风、受益匪浅，也让我意识到演员要成为大家，必须得有他那样的文化修养才行。

欣闻《剧坛楷模——封至模画传》即将出版，我希望通过这本书，把我们前辈先贤对华夏戏曲艺术的贡献和成就介绍给广大的年轻艺友们，也通过这本书向封老致敬、向玉书大哥及封老其他家族成员致敬，同时也把封老为人为艺的风范传递给现在戏曲界的青年精英们，希望他们能够深入了解我们这位大戏剧家一生的业绩。

中华艺坛人才辈出，在习近平文化思想的引领、激励和指导下，我们应该充分地运用好封老等前辈们留给我们的宝贵艺术遗产，让更多的青年人向他们学习，让他们的艺术精神更好地鼓舞着我们脚踏实地地工作、向更高水平发展。这样，中华戏曲艺坛会更加繁荣、昌盛！

尚长荣

2024年6月24日

序二

西安是具有悠久历史的文化名城，曾经孕育过一代又一代文化名人，封至模先生就是其中才华横溢的一位。他并非单纯的某一方面的专家，而是一个精通戏曲各个方面的全才，特别在秦腔领域里是罕见的大师级人物。值此封至模诞辰130周年、逝世50周年之际，编辑出版《剧坛楷模——封至模画传》，这是对封至模先生最好的纪念。

封至模是早期的戏剧活动家。20世纪20年代初，他在北京就读于美术学校时，曾积极参加进步学生的话剧演出活动，与陈大悲、李健吾创办北京实验剧社，演出话剧《幽兰女士》《英雄与美人》等，后又结识京剧界齐如山、梅兰芳、程砚秋、尚小云，演出京剧《拾玉镯》《虹霓关》等。后来在西安，封至模与阎甘园、李逸僧等组织广益娱乐社、和众票社；与刘尚达、张寒晖等发起组建西安实验剧团，积极参与抗日救亡活动。

封至模是秦腔剧作家。20世纪30年代初，他加入易俗社，创作、改编了一批新剧目，其代表作《山河破碎》《还我河山》以历史故事观照当代时事，大力宣扬爱国精神。他在北平《晨报》发表的文章中写道："山河破碎"了，快"还我河山"吧！全面抗战前夕，易俗社赴北平演出，两剧以强烈的爱国激情，令广大观众为之一振。

封至模是戏剧革新家。他精通戏剧、文学、美术，谙习京剧、秦腔、话剧，熟悉剧本创作、导演、表演、舞美、音乐等工作。他改编并导演的《箭头鸳鸯》《水淹下邳》《赤壁鏖兵》等戏思想开放，兼收并蓄。他给秦腔注入京剧、话剧的元素，使其面貌焕然一新，演出水平上了一个新台阶。易俗社老先生称赞他编导的戏"唱白姿势，情态舞蹈，色色俱精，面面俱到"，称"吾社改良艺术，使行于本省者，即可通行于全国，其在至模先生乎"？

封至模是戏曲教育家。在易俗社八年，他培养了一大批人才，如王月华、庄正中、刘文中、宋上华、雒秉华等。20世纪三四十年代，他先后创办了夏声剧校（京剧）、戏剧专修班、上林剧院、晓钟剧校（皆秦腔）

等，培养了一批艺术人才，其中有不少栋梁之材，如京剧的齐英才、谢蔚霈、马科，秦腔的栗怀荫、刘茂森、任哲中、殷守中等。至于曾受过他指教和点拨的，有数十人之多。

封至模是戏曲理论家。他对秦腔的剧目、音乐、理论、表演等，都有相当的研究，特别是对秦腔表演艺术，更有高深的造诣。剧目研究方面，他写过《秦腔剧目汇考》，被收录于陕西省剧目工作室内部刊印的《陕西传统剧目说明》中。他的剧目汇考，力避简单刻板，追求鲜活生动，在一般叙述中，常有对剧目的考证，有对剧目艺术特点的分析，也有对擅演此戏的名家的评价。音乐研究方面，他写有《秦腔之板眼与腔调》《秦腔之锣鼓谈》等文，前文被戏剧家徐慕云收入其《中国戏剧史》一书中。理论研究方面，20世纪30年代，他曾发表文章《陕西四年来之戏剧》，主要叙述西安戏剧发展状况，具有很高的史料价值。他力求“以世界眼光，用科学方法，凭公允批评，作详细叙述”，提出研究的基本原则，即“万不能离开现代与观众”，使陕西戏剧走向世界。

封至模对表演的研究，用力最大，成就最多。戏曲是综合性艺术，他对剧目、导演、艺人的研究，紧密结合表演艺术展开，展现其真知灼见。在艺人的研究方面，他写了《秦腔名艺人考略》，其中包括润润子、陈雨农、党甘亭、李云亭、刘立杰、王文鹏、刘箴俗、马平民等人，共八篇，如写陈雨农在《走雪》表演中过独木桥时的眼神与身段，党甘亭在《破洪州》表演中跌落马下的口衔靠肚与滚刀，李云亭在《拆书》表演中用剑暗挑后靠肚的跌坐，马平民在《玉虎坠》表演中扮演四个不同角色，等等，都描述得极其细腻、逼真、传神，让人如临其境。他在《戏剧论丛》上发表的《秦腔的艺术》一文，文章虽短，但概括而准确地叙述了秦腔角色分类、音乐唱腔、舞蹈表演、化装脸谱等，诚非术精通秦腔艺术者所能为。他的《中国戏曲表演艺术》专论，是他集几十年研究表演艺术之大成，在理论与实践的结合上，全面系统地论述表演艺术的成果。京剧大师梅兰芳对此极为赞赏。

封至模先生是陕西戏剧界的通才，可以毫不夸张地说，秦腔半个多世纪以来的发展，与封至模先生做出的努力和贡献是分不开的。而他的影响所及，绝不仅止于秦腔，还包括京剧以及话剧等。

封至模先生晚年曾为自己撰写《八十岁寿序》，不无感慨地说：“我一生为许多艺人作序，然而有谁为我写序呢？只好自己为自己写序了……”在《剧坛楷模——封至模画传》即将付印的时候，出于后辈对封先生的敬仰之情，笔者写了以上文字，权当以为序。

苏育生

2023年12月12日

封至模先生像

《贵妃醉酒》剧照：封至模饰杨贵妃

目录

多姿多彩 壮丽恢弘

——封至模艺术人生简介

封至模（1893—1974），戏剧作家、导演、理论家、教育家、活动家。陕西西安人，1893年12月26日生于西安景龙池。1920年后，他在北京学习美术专业期间，开始从事话剧表演，后又跟随老伶工李宝琴等学习京剧花衫、青衣表演。1924年回陕后，他在担任教学工作之余加入京剧票社，积极参加公益演出。1931年进入易俗社，曾任训育主任、评议、编辑等职。由此，他开始从服装、化装、表演等方面对秦腔艺术进行改良。1938年离开易俗社后，他创办了夏声剧校、陕西省巡回歌咏戏剧队戏剧专修班、上林剧院、晓钟剧校等戏曲教育、演出机构。20世纪40年代末他曾拯救三意社于危难之中，20世纪50年代初进入西北戏曲研究院（陕西省戏曲研究院前身），曾在艺委会、演员训练班等处任职，1966年退休，1974年8月8日在南京病逝。

封至模，是秦腔近现代重要的创作者。早在1916年，封至模就创作了戏曲剧作《师生鉴》，经李桐轩润色后改名《新探监》，由易俗社排演。20世纪30年代之后，他前后写了《蝶哭花笑》《箭头鸳鸯》《山河破碎》《还我河山》《义侠武二郎》《毁家助饷》《回到祖国来》等戏，其中一些还由他亲自导演。尤其在抗战时期，他编写的《山河破碎》《还我河山》上下本，借古喻今，为激励全民抗战起到了积极的作用，影响深远。在易俗社期间，他排导有《水淹下邳》《赤壁鏖兵》《龙门寺》《奇双会》等剧。新中国成立后，他参与排导的《游龟山》《游西湖》《女巡按》《王魁负义》等剧，红极一时，不少成为陕西戏曲保留节目，同时成就了庄正中、宋上华、肖若兰、马蓝鱼等一批享誉秦坛的优秀演员。

封至模，是陕西近代戏曲研究的先行者。20世纪20年代末，封至模开始创办戏剧相关报刊，曾于20世纪30年代发行了王天民、马平民、庄正中等多位著名演员的专刊。20世纪三四十年代，他曾在西安的《西安日报》《民意报》《西北文化日报》及外地的《京报》《益世报》《戏剧春秋》等报刊发表戏曲评论、理论文章逾百篇，这是近代秦腔研究的开端，意义重大。20世纪50年代，他又参与创办《西安戏曲》，并在之后由该刊改版的《西安戏剧》《陕西戏剧》上发表了大量文章。在繁忙的戏曲教学和社会活动之余，他参与撰写或个人撰写《陕西传统剧目说明》《中国戏曲大词典》等书数十万字，蔚为大观。他以内行专家的眼光对各个时期秦腔的评述和研究，现在已是我们研究秦腔历史和戏曲评论的珍贵资料。

封至模是让秦腔“走出去”的功臣。自北京读书始，封至模即与话剧界、京剧界人士结下了深厚友谊，后来还与齐如山、徐慕云等戏剧理论家有着密切交往。他通过个人关系，使与秦腔相关的文章、图片被刊载或收录于《益世报》《国剧画报》《梨园影事》等报刊、书籍中，让秦腔进一步为世人所了解。1935 年、1936 年上海百代公司两次来西安为易俗社灌制唱片，系由封至模策划联系，他亲自担任片头报幕工作，为秦腔留下了珍贵的音响资料。易俗社 1937 年赴北平演出时，由封至模带队，在演出期间和富连成剧社、中国高级戏曲职业学校（中华戏曲专科学校）进行了艺术交流。20 世纪 50 年代，梅兰芳等京剧名家到西安演出，大都由封至模出面接待。秦腔剧团赴北京参加第一届全国戏曲观摩演出大会，赴长春拍摄电影，也都有他的贡献。

封至模，是秦腔艺术改革、发展、创新的推动者。曾游历京沪的封至模，很早就接触到中国新兴的话剧艺术，又系统地学习过京剧表演，更熟谙秦腔艺术，而且生旦不挡、六场通透，常常在票界活动中粉墨登台。加之他有教育系统的工作经历和美术专业的学习基础，因而他在戏曲教学和艺术审美上常有独到、深刻的见解，这都为他提高戏曲艺术水平打下了基础。他改良旧式戏曲艺术的妆容与服装、改造原有剧场的设置与环境、完善传统剧目的行文与立意，尤其因他改变既往教学的方式与方法，实行因材施教、启发育导，在不同时期、不同地方，先后培养了庄正中、刘文中、杨令俗、宋上华、谢蔚霈、马科、王则昭、胡文藻、吕凝馨、李紫茗、刘茂森、任哲中、陈幼韩、马蓝鱼、张詠华、孙莉群、贺林、温喜爱、王黎等众多秦腔、京剧及其他剧种人才。

封至模是集编剧、导演、表演、研究之才于一身的戏曲大家，同时又是一位文化活动家和戏剧教育家，他还是西安话剧的发起人之一、西安电影的创立者之一，曾被誉为“秦腔齐如山”“西北王瑶卿”“百年一人”“菊部通才”“秦腔艺术改革的一代宗师”“我国话剧的早期开拓者”，亲历、见证了陕西戏剧乃至中国戏剧半个多世纪的重大变迁。他的一生诚可谓多姿多彩、壮丽恢弘。在弘扬传统文化的时代大背景下，秦腔艺术理应受到更多关注，作为陕西剧坛少有的能编、能导、能演、能研的通才封至模先生，也更应该受到重视。

第一篇

辗转求学，厚积薄发

（1893—1923）

从西安到上海再到北京，封至模先生经历新旧各式教育，学习音韵、美术，熟谙话剧、京剧。他的戏剧视野得以开阔，艺术素养受到培育，经验获得了积累。

封至模母亲像

1893 年　出生

12 月 26 日上午 9 点至 11 点（癸巳年农历十一月十九日巳时），封至模出生于西安东关景龙池巷一个小商人家庭。

先生本名廷楷，字至模。父讳兆庆，胞兄廷桢，字干臣。先生为兆庆公次子，族中排行第六，孙辈以六爷呼之。封家祖籍咸宁砲里原鲸鱼沟南岸伯夷坊（今长安区砲里街道伯坊村），据传为商朝大贤伯夷、叔齐隐居地。从封至模祖辈开始，封家在长安一带经商，即在西安东关龙渠堡居住。封至模于孩提时在商业繁荣、文化兴盛的东关一带欣赏过不少演出，心里便埋下了戏剧的种子。

1902 年　9 岁

封至模在长乐坊花神庙万庆巷跟从周姓先生读私塾。

1905 年　12 岁

封至模入景龙池巷口屈为伸所办植基小学堂学习。

植基小学堂为新科秀才屈为伸自办的改良私塾，设于八仙庵内。屈为伸和封至模胞兄封干臣是同学，打听到封至模在花神庙内算是聪明的学生，建议封干臣将封至模送到自家学堂读书，以免耽误学业。封至模遂进植基小学堂读书。该学堂有多名教师，多为西安府中学堂学生。他们每月给学生教笔算、四声、音乐等。封至模在此读书期间，所学比一般私塾要多，收获较大，还曾获赠了慈禧当年留给八仙庵的物品。

1909 年　16 岁

封至模考入开通巷咸宁县县立高等小学堂。

1911 年　18 岁

10 月，辛亥革命爆发，封至模目睹 22 日(辛亥年九月初一)张凤翙率众起义。

封至模晚年自述：“九月初一是个星期日，我在家休息。吃完早饭，尚未到学堂中去，便听大街小巷人都乱嚷，说城内世事乱了。西关新教场内清朝新招成立的新军，有张凤翙(号翔初)、张益谦等率领全营新军一齐反了，先进城反到东羊市西边，抢了军装局的枪炮。白色为号，白布为旗，都齐反了清朝……从此，学堂停课，甚至商人歇业，百姓回家，世事大变了。”

学生时代的封至模

1912 年　19 岁

封至模以榜考第一名的成绩进入留美学生惠甘亭在东厅门所办之学校，不久学校并入张凤翙所办西北大学预科。

封至模在西北大学预科学习期间，成绩名列前茅，当时的西北大学预科学长康寄遥、农科学长郗朝俊、商科学长马凌甫，在 20 世纪 20 年代封至模回陕后均在陕西曾任要职，与封至模多有往来。

1915 年　22 岁

西北大学遣送优秀学生赴国内各地学习，封至模被选入上海同济德文医工学堂预科。

1916 年　23 岁

封至模由沪返陕。

在沪学习未升入本科，因政局变化，张凤翙去京，陆建章来陕，西北大学未获中央批准立案而撤销，另立陕西法政专门学校，封至模在外学业遂告作废。

1916 年　23 岁

封至模插班进入陕西省立第一师范学校学习。

其间，封至模开始接触莎士比亚、易卜生的戏剧作品，并经常观赏秦腔表演，结识易俗社李桐轩、孙仁玉、高培支、陈雨农、党甘亭等人，编写了短剧《师生鉴》，经李桐轩润色，改名《新探监》，在易俗社排演。该剧取材史可法化装挑粪工探监左光斗之事，是封至模第一部上演的戏剧作品。

封至模（左二）学生时代与三位友人合影

封至模（左）与邹复良（右）合影

邹均，字复良，陕西富平人，革命烈士、早期中共党员、西安共青团组织的创建人之一。

封至模（左二）学生时代与五位友人合影

1917年　24岁

封至模参与创办景龙学校。

为便于景龙池巷附近儿童上学，封至模与马公弢、张相城等商议于巷北老母楼庙院筹办学校，以“景龙”名之。任教期间，他还曾在学校为学生排演话剧，据封至模自述，这是西安最早的话剧活动。

1918年　25岁

封至模毕业于陕西省立第一师范学校。

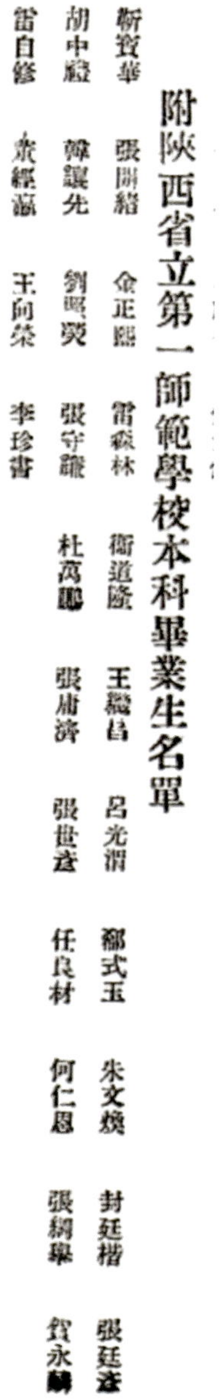

附陝西省立第一師範學校本科畢業生名單

靳寶華　張開緒　仝正熙　雷森林　衛道隆　王繼昌　呂光渭　郗式玉　朱文煥　封廷楷　張廷彥

胡中嶽　韓讓先　劉曜熒　張守離　杜萬鵬　張庸濟　張世彥　任良材　何仁恩　張鋼舉　賀永麟

雷自修　秦經瀛　王向榮　李珍書

1919年第6卷第3期《教育公报》所载
封至模（封廷楷）毕业时学校所发名单

1920 年 27 岁

4 月至 5 月，封至模在北京国语讲习所学习。

在文学革命与国语运动影响下，北洋政府教育部筹划设立国语讲习所。封至模年初以陕西省第二名考入，赴北京前与石琢如等好友合影。国语讲习所首期学员共有 161 人获准发毕业证书，封至模便是其中之一。其间，他们学习了国音、国语文法、国语教授之研究、国语练习、言语学大意等多门课程。这些课程由胡适、黎锦熙、王璞、汪怡等名师讲授。胡适不仅在国语讲习所讲授了十几次，还为首期学员毕业时所刻制的同学录作了序言，勉励他们通过推行国语确定国语标准。国语学习培养、提升了封至模的语言敏感度与文字基本功。后来，小到为身边人改名以使名字读来通顺、上口，大到戏剧创作时让剧目合辙押韵、行文流畅，都能体现出国语讲习所对封至模的培根筑基之力。

4 月，封至模开始接触京剧艺术。

作为秦腔和话剧爱好者的封至模，在京剧名伶荟萃的北京，很自然地接触并喜欢上了京剧。据封至模收藏戏单来看，1920 年 4 月 18 日他就在新明大戏院夜场观看了孙菊仙、裘桂仙、田桐秋、沈华轩、龚云甫、朱素云等京剧名家的演出。此后三年中，他曾观看唐韵笙、荣蝶仙、侯俊山、陈德霖、程继先、王瑶卿、梅兰芳、王凤卿、阎岚秋、诸如香、筱翠花、姜妙香、马连良、王蕙芳、朱桂芳、朱桂芬、余玉琴、刘景然、刘鸿升、高庆奎、王又宸、谭小培、程砚秋、尚小云、荀慧生、余叔岩、杨小楼、钱金福、王长林、许德义、范宝亭、傅小山、黄润卿、刘奎官、周瑞安、侯喜瑞、雷喜福、俞振庭、俞赞庭、俞华庭、俞步兰等名角儿演出，和其中不少人交往甚密。他曾向侍奉光绪皇帝的名票王寿山请益，与王寿山幼子王文源（艺名五龄童）结下了深厚情谊。后他又拜名旦李宝琴为师，向名旦王多芬请教，学习花衫、青衣、花旦，练会了跷功，排演了《贵妃醉酒》《四郎探母》《汾河湾》《梅龙镇》《坐楼杀惜》《玉堂春》《虹霓关》《穆柯寨》《拾玉镯》等剧。

封至模（左）与石琢如（右）合影

封至模（前排左二）与石琢如（前排左一）等好友在西安文庙前合影留念

1932年第1卷第36期《国剧画报》所载沈蓉圃绘李宝琴（左）画像

封至模（右）与王文源（左）合影

李宝琴曾培养出名伶章遏云，王多芬曾培养出名伶童芷苓。二人皆属教导有方之人，封至模随她们学戏并苦练基本功，为他以后从事戏曲表演及教育打下了坚实的基础。

9月，封至模成功考入北京美术学校图画手工师范科学习。

1918年4月15日，北京美术学校正式成立。当时校长郑锦筹划于1923年后视该校经费情形添设高等部，更计划以培养师范学校、中学校之图画手工教员为目的，另设图画手工师范科免于征费。1920年9月，图画手工师范科建立，封至模与长安乡党孟廷俊成为该科建立后的首批学员，从1920年9月至1923年7月，二人在美术学校度过了近三年的学习时间，随陈半丁、姚茫父、萧谦中、陈师曾、王梦白、郑锦、李毅士等国画、西画名家学习，还曾在校听过蔡元培、梁启超等名士演讲。王梦白、姚茫父、陈师曾又是梅兰芳等名伶学习国画的老师，自然也使封至模与京剧界的关系走得更近一些。这段美术学习经历，为封至模后来进行戏剧化装、服装、装置的改良与设计提供了可能。

《游园惊梦》剧照：封至模饰杜丽娘

《游园惊梦》剧照：封至模饰杜丽娘，王文源饰柳梦梅

《百花亭》剧照：封至模饰杨贵妃

旅京陝人將開賑災游藝會
▲並有學生演劇
陝西連年兵刦。繼以亢旱。赤地千里。流亡載道。該省人士有北京陝西賑災會之組織。該會擬定於十一月二十。二十一。二十二。三日假中央公園開游藝展覽會。賣票作捐。以資救濟災黎。該省旅京學生聯合會以情關桑梓。義難膜視。議決組織新劇團。加入游藝展覽會。該團現已成立。並擬演三本正劇。一爲南開學校所編某劇。一爲大悲先生所編之『是人嗎』。一爲該團自編之天災人禍。此將陝西劇兵匪官吏教育等情形。合盤托出。留心陝西社會眞象者。不可不往觀。

1920年11月9日《晨报》所载封至模参与旅京陕人演出报道

封至模28岁留影

11 月，封至模参与旅京陕西学生联合会所新建的学生新剧团赈灾演出。

1920 年，陕西、河南、河北、山西、山东等五省发生了少有的严重旱灾。同年 10 月 3 日，旅京陕人于北京关中北馆召开赈灾大会，公举张凤翙、陈伯澜为正、副会长，组织了一系列活动声援乡里。同年 11 月 20 日至 23 日，北京陕西赈灾会在中央公园举办了为期 4 天的游艺展览会，旅京陕西学生联合会以“情关桑梓，义难漠视，议决组织新剧团，加入游艺展览会”为由，上演了三本正剧。

据封至模晚年回忆：“（我）被送到北京，正逢张翔初、崔叠生、寇锡三等在北京为陕西赈灾会筹募。襄办帮忙的都是北京各大学的学生，有王捷三、李芝亭、刘贞甫、武少文、邵雍黎、马公弢、陈顾远等一些人。这些大学生组织话剧团，在中山公园演出，请名家陈大悲先生指导。我一到京，大家便一致请我参加。”通过这次演出，封至模成为新剧团里的主要人物。后来在他的诸多剧场改革中，我们都能看到陈大悲对他的影响。

1921 年　28 岁

6 月至 7 月，封至模参与学生请愿活动时受伤，后被选为学生联合会干事员，多次参与协商解决教潮。

1921 年，北京学界因政府欠薪问题，爆发了大规模罢工、请愿教潮并引起了连锁反应，在全国各地掀起了一股学生斗争的洪流。6 月 3 日，京师学生请见总理未能如愿，发生混乱，马叙伦等教职员和何玉书等学生受伤。封至模右肩胛、右背均受伤。在后续相关的系列会议中，封至模曾被选为学生联合会干事员，向各方讲述学生诉求，与范源濂、汪大燮、张国淦、傅增湘、蒋梦麟等要员曾有接触，在学生事务处理中提升了组织能力。

北京国立罢课学校学生临时联席会全体代表合影（后排左一为封至模）

京师国立公立学校学生临时联席会全体代表合影（二排左四为封至模）

《幽兰女士》剧照：封至模饰幽兰女士

8 月，封至模与李健吾合作演出陈大悲所编新剧《幽兰女士》。

《幽兰女士》系“爱美剧”领军人物陈大悲于 20 世纪 20 年代初创作的一部社会家庭剧，该剧于 1921 年 2 月首演。同年 8 月，在为湖南举行的赈灾演出中，封至模邀请李健吾一起合演该剧，他饰演幽兰女士，李健吾饰演丫鬟珍儿。正是由于封至模慧眼识珠，李健吾才由珍儿一角正式走上戏剧道路，最终成为现当代著名的戏剧家、文学家。首次演出后，二人后又多次合作演出该剧。

11 月，封至模与陈大悲、何玉书、李健吾等发起成立北京实验剧社。

话剧在北京势头正盛之际，陈大悲联合封至模、何玉书、陈晴皋、邵商隐、李健吾等人发起成立了北京实验剧社，于 1921 年 11 月 20 日召开大会，通过了《北京实验剧社简章》。他们马上将之刊载于报端，其中附有发起人名单，计有何玉书、李健吾、封至模、陈晴皋、马龙潜、陈大悲、邵商隐、马公弢、王木公、宗启骧、郑桂年、鞠新之共 12 人，其中陕西人便至少有封至模、陈晴皋、邵商隐、马公弢 4 人。陈大悲后来还专门写有一篇文章《陕西人与爱美的戏剧》。成立后，北京实验剧社积极参与北京公益演出，常演《幽兰女士》《英雄与美人》《爱国贼》《孔雀东南飞》等剧，在逆境中推进了“爱美剧”运动，带动了北京、上海等地戏剧社团发展，促生了中国职业话剧，为中国近代戏剧发展发挥了一定作用。

是年，封至模与京剧名伶交好，继续深研京剧。

封至模藏北京实验剧社印章

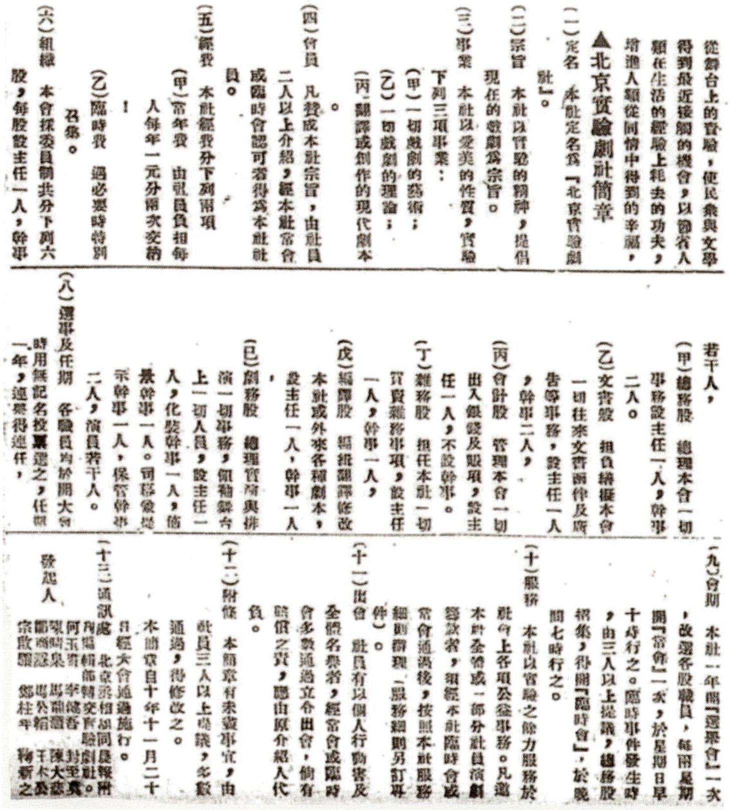

從舞台上的實驗，使民衆與文學得到最近接觸的機會，以節省人類在生活的經驗上耗去的功夫，增進人類從同情中得到的幸福，

▲北京實驗劇社簡章

(一)定名 本社定名為「北京實驗劇社」。

(二)宗旨 本社以實驗的精神，提倡現在的戲劇為宗旨。

(三)事業 本社以愛美的性質，實驗下列三項事業：

(甲)一切戲劇的藝術；

(乙)一切戲劇的理論；

(丙)翻譯或創作的現代劇本。

(四)會員 凡贊成本社宗旨，由社員二人以上介紹，經本社常會或臨時會認可者得為本社社員。

(五)經費 本社經費分下列兩項

(甲)常年費 由社員負担每人每年一元分兩次交納！

(乙)臨時費 遇必要時特別召集。

(六)組織 本會採委員制共分下列六股，每股設主任一人，幹事若干人，

(甲)總務股 總理本會一切事務設主任一人，幹事二人。

(乙)文書股 担負辦擬本會一切往來文書函件及廣告等事務，設主任一人，幹事二人，

(丙)會計股 管理本會一切出入銀錢及賬項，設主任一人，不設幹事。

(丁)雜務股 担任本社一切買賣雜務事項，設主任一人，幹事一人，

(戊)編譯股 編輯翻譯修改本社或外來各種劇本，設主任一人，幹事一人，

(巳)劇務股 總理實演與排演一切事務，佈置舞台上一切人員，設主任一人，化裝幹事一人，佈景幹事一人。司務[illegible]示幹事一人，保管幹事二人，演員若干人。

(八)選舉及任期 各職員均於開大會時用無記名投票選之，任期一年，連舉得連任，

(九)會期 本社一年開「選舉會」一次，改選各股職員，每兩星期開「常會」一次，於星期日早十時行之。臨時事件發生時，由三人以上提議，總務股招集，得開「臨時會」，於晚間七時行之。

(十)服務 本社以實驗之能力服務於社會上各項公益事務。凡遇本社全體或一部分社員演劇籌款者，須經本社臨時會或常會通過後，按照本社服務細則辦理（服務細則另訂專件）。

(十一)出會 社員有以個人行動害及全體名譽者，經常會或臨時會多數通過立令出會，倘有賠償之費，應由原介紹人代負。

(十二)附條 本簡章有未盡事宜，由社員三人以上提議，多數通過，得修改之。

本簡章自十年十一月二十日經大會通過施行。

(十三)通訊處 北京西城[illegible]胡同晨報附內[illegible]轉交實驗劇社。

發起人 何玉書 李健吾 封至模 張暗泉 [illegible] 陳大悲 [illegible] 王[illegible] [illegible] 鄭柱年 [illegible]

1921年11月26日《京报》所载《北京实验剧社简章》

《英雄与美人》剧照：封至模（左二）饰林雅琴

《爱国贼》剧照：马公弢（左四）饰根生

《四郎探母》剧照：封至模饰铁镜公主

《纺棉花》剧照：封至模饰王氏

封至模（右）着戏装与俞华庭（左）合影

《南天门》剧照：俞步兰饰曹玉莲，王文源饰曹福

《虹霓关》剧照：封至模饰丫鬟

封至模29岁站立留影

封至模设计的《戏剧》第 1 卷第 1 号封面

1922 年　29 岁

1 月、2 月间，封至模参与新中华戏剧协社工作，为《戏剧》设计封面。

新中华戏剧协社贯彻“五四”精神，倡导戏剧要有战斗的民主内容，试图扩大“近代的，教化的，艺术的戏剧”运动。封至模曾协助陈大悲参与新中华戏剧协社《戏剧》杂志的工作，负责为杂志设计封面。《戏剧》杂志封面底纹是封至模所绘制的一个闭着幕的舞台，蒲伯英所写的“戏剧”二字从台幕里映射出来，代表着“新中华戏剧底光”，每期底纹颜色各不相同，第 1 号为蓝色，第 2 号为橙色，第 3 号为红色，第 4 号为绿色，细微处亦略有差别。新中华戏剧协社计划完成的各项事业中，有一项为“建筑新中华的公共剧场”，《戏剧》封面舞台作镜框式，左右两壁朝外略有倾斜，幕布外尚留有数尺，应当属于封至模、陈大悲等人心中理想公共剧场的样貌。

4 月，封至模担任排演主任，为美术学校剧艺研究会排演剧目。

1922 年北京美术学校举办了规模盛大的四周年纪念大会。4 月 16 日、17 日晚，北京美术学校剧艺研究会在大礼堂演出新剧，封至模任排演主任（类似于今天的导演、制作人、舞台监督）排导《社会平等？》《归罪于谁？》《面包》《英雄与美人》等剧。封至模为此次活动费心甚多，用力颇勤，计划按照现代的式样修改舞台、新装电灯、制备景片、修砌漫坡、粉刷墙壁，惜未完成。陈大悲、马公弢、陈晴皋等均对封至模的工作赞赏有加，陈大悲感慨道：“除了美术学校之外，有几个剧社自制过一片布景？”值得一提的是，封至模在此次排演中由于时间原因而留下的舞台创设遗憾，若干年后在易俗社成功付诸了实践。

6月至8月，封至模于暑期回陕，参与陕西话剧及京剧活动。

在北京接受过新文化洗礼的封至模，计划用在北京参与“爱美剧”获得的先进经验反哺故土，惠及乡里，提高西安学生界演剧的艺术水平，曾邀陈晴皋赴景龙学校介绍新剧。除参与话剧活动外，他还参加了当时西安名票李游鹤、王鼎臣新组之京剧票房。李游鹤，长安人，工老生，本为工笔仕女画家。王鼎臣，长安人，工青衣，系从上海回来的名票，以银行业为主业。正是这次活动，为以后他们合作创办和众票社提供了契机。

11月，封至模参与陈大悲、蒲伯英所组织的人艺戏剧专门学校（简称“人艺剧专”）。

为“提倡人的艺术”和“提倡职业的戏剧”，陈大悲与蒲伯英等成立了人艺社与人艺戏剧专门学校。1922年9月23日《晨报》在介绍人艺剧专筹备期拟定的师资配置和课程安排时，称“由封至模教授美学”。该校由蒲伯英任校长，鲁迅、周作人、汪仲贤、陈晴皋、梁启超、孙伏园等任校董，爱罗先珂、王璞、陈大悲等人执教，汇集了北京文化界强劲的师资，被誉为“中国最早的现代戏剧学校”“戏剧人才的一个摇篮”。它的结构设置、课程安排、经营理念等，势必对封至模有所影响，为他日后创立各所戏剧学校提供了参考。

戲劇學校趕辦招生

▲雙十節前開學
▲科目計有十餘種
▲敎務皆由專家担任

人藝社組織「人藝戲劇學校」一事已誌昨報。現在聽說該校擬於雙十節以前，所以招考等事即須於日內趕緊辦妥。擔任敎務者除該社社員觀場，大悲，晴皋，優遊，諸人外，尚約有對於戲劇理論素有研究之余上沅講演西洋戲劇史，費覺天敎授英文，封至模敎授美學，其科目有十餘種，如發音術，劇本朗讀法，化裝術，動作法，心理的修練，劇本實習，藝術的粧佈法，跳舞，武技，音樂，戲劇史，戲劇文學，外國語，美學，現代思潮等等。並聞該校已與新明大戲院訂有預約，俟該校學生畢業後，即在該院演劇，以期達到直接改良中國戲劇而間接改造社會之目的云。

1922年9月23日《晨报》所载人艺剧专招生报道

封至模29岁留影

《汾河湾》剧照：封至模饰柳迎春，王文源饰薛丁山

1923年　30岁

4月至5月，封至模参加美专图画手工师范系（原称“科”）毕业旅行筹款游艺会，6月参加毕业旅行活动，7月1日参加毕业典礼，正式毕业。

在图画手工师范系三年学习将满之际，该系学生计划旅行日本及国内各地考察教育，因此组织大规模游艺会，用以筹募旅费。游艺大会于4月28日在新明大戏院举行首场演出，封至模与王文源合演《汾河湾》，同场有陈德霖、红豆馆主、金仲仁演出《奇双会》等剧。第二场演出因筹备不及和演员缺席，延至5月13日，封至模与宋盂冶合演《乌龙院》，同场有松介眉、钱金福合演的《宁武关》等剧。封至模这两场的剧目一出青衣戏、一出花旦戏，较为全面地展示了他在京几年学习京剧所取得的成果。

9月，封至模所写《新剧究竟是怎样的》一文发表在《戏剧》第2期上。

《新剧究竟是怎样的》系迄今所见封至模最早发表的文章，在文中他系统地表达了自己的戏剧观点。在他看来，新剧区别于旧剧与文明戏，至少有七方面的不同，即新剧是“有宗旨的”“有布景的”“有幕段的”“有服装的”“有化装的”“有剧本的”“有时代精神的”，大量篇幅既是在讨论“新剧究竟是怎样的”，也是在探讨“旧剧究竟不应该是怎样的”。封至模的戏剧观形成于“五四”新文化运动时期，带有那个时代的鲜明烙印，这种“一事一物，都取乎真”的戏剧观贯彻在他的一生中。

封至模30岁留影

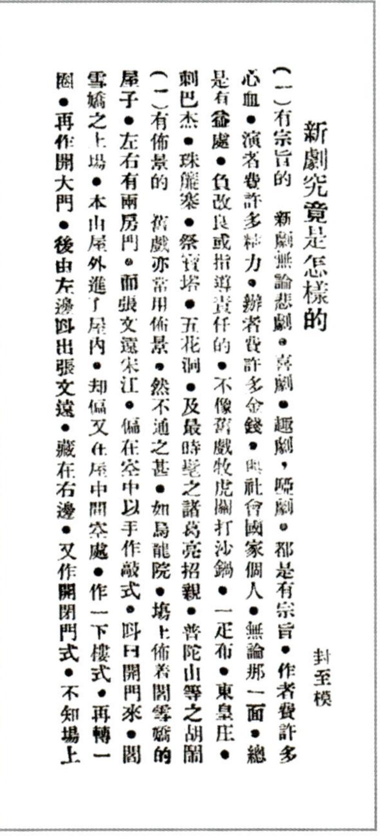

新劇究竟是怎樣的

封至模

（一）有宗旨的　新劇無論悲劇•喜劇•趣劇，啞劇•都是有宗旨•作者費許多心血•演者費許多精力•辦者費許多金錢•與社會國家個人•無論那一面•總是有益處•負改良或指導責任的•不像舊戲牧虎關打沙鍋•一疋布•東皇庄•刺巴杰•珠簾寨•祭寶塔•五花洞•及最時髦之諸葛亮招親•普陀山等之胡鬧

（二）有佈景的　舊戲亦當用佈景•然不通之甚•如烏龍院•場上佈着閻婆嬌的屋子•左右有兩房門•而張文遠宋江•偏在空中以手作敲式•叫曰開門來•閻婆嬌之上場•本由屋外進了屋内•却偏又在屋中間空處•作一下樓式•再轉一圈•再作開大門•後由左邊叫出張文遠•藏在右邊•又作開閉門式•不知場上

1923年第2期《戏剧》所载封至模文章

是年，据传封至模因痴迷京剧，欲在天津下海唱戏，因家庭阻扰而未果。

封至模发表《新剧究竟是怎样的》一文的《戏剧》杂志，由当时的戏痴周瘦庐所办，与他一同曾在其上发表文章的燕山小隐、侠影、澹云、笑笑生、墨香、孟冶等人，亦多是当时的京剧名票与名笔，可见封至模与票界关系之密切。今存当年封至模在天津与友人合影一张，起码可以证明他彼时到过天津。

封至模（前排左二）与友人合影

长安旅京学界欢送封至模（前排右三）等合影

第二篇

寄情桑梓，笃行不怠

（1924—1937）

由从教到从政再到从艺，封至模先生在不同岗位上用自己的专长所学，为家乡发展尽心用意，为民众教育殚精竭力，在戏剧艺术道路上谋划改革，颇见成效。

封至模（中）与俞步兰（左）、俞华庭（右）合影

1924年 31岁

1月，农历年底，封至模离开北京前与众好友合影留念。

2月，封至模从北京返回陕西，开始在西安景龙学校、陕西美术学校、乡村师范等校教授美术等课程，筹备游艺会为景龙中学筹款。

近代以来，京沪各地组织举办的一些游艺会，类似于京剧界组织的窝窝头大会，参演人员多为义务劳动，不收取报酬，票房和各方捐助所得专用于某项筹款。在封至模为景龙中学倡办游艺会之前，西安剧坛尚无此类演出形式。虽然此次演出因场地未定出现了一些波折，但最终于长乐商场成功举办。封至模在每场码列大轴，倾情演出。这是封至模在西安舞台第一次正式亮相演出京剧，他演出时所穿俱为从京带来的私房行头。演出得到了西安各大媒体的宣传报道，并有多篇专门评论封至模表演的文章被刊登，对他演出的各戏均有很高的评价。在此次演出之后，西安文化界举办游艺会之风大兴。封至模又参与举办青年会游艺会，演出皮黄、新剧，并参与发起举办陕西美术学校游艺会，后因陕西秉政人物刘镇华责令教厅发布训令而被叫停。

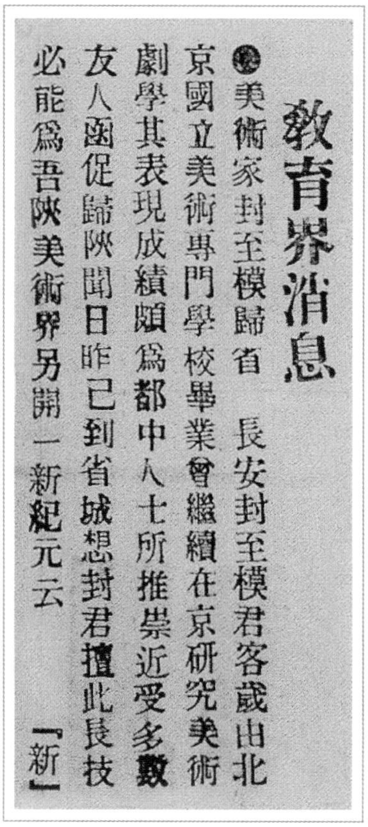

教育界消息

◉美術家封至模歸省　長安封至模君客歲由北京國立美術專門學校畢業曾繼續在京研究美術劇學其表現成績頗爲都中人士所推祟近受多數友人函促歸陝聞日昨已到省城想封君擅此長技必能爲吾陝美術界另開一新紀元云「新」

1924年2月24日《新秦日报》
所载封至模归陕消息

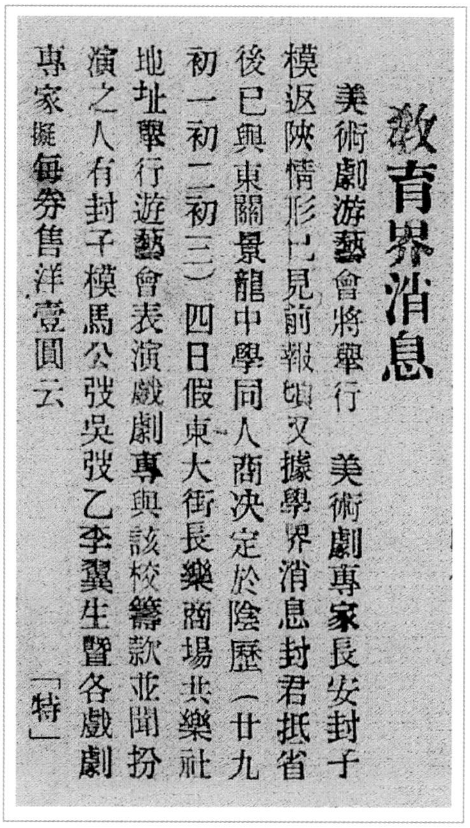

教育界消息

美術劇游藝會將舉行　美術劇專家長安封子模返陝情形已見前報茲又據學界消息封君抵省後已與東關景龍中學同人商决定於陰歷（一廿九初一初二初三）四日假東大街長樂商場共樂社地址舉行遊藝會表演戲劇專與該校籌款並聞扮演之人有封子模馬公弢吳弢乙李翼生暨各戲劇專家擬每券售洋壹圓云「特」

1924年2月27日《新秦日报》
所载景龙中学演出消息

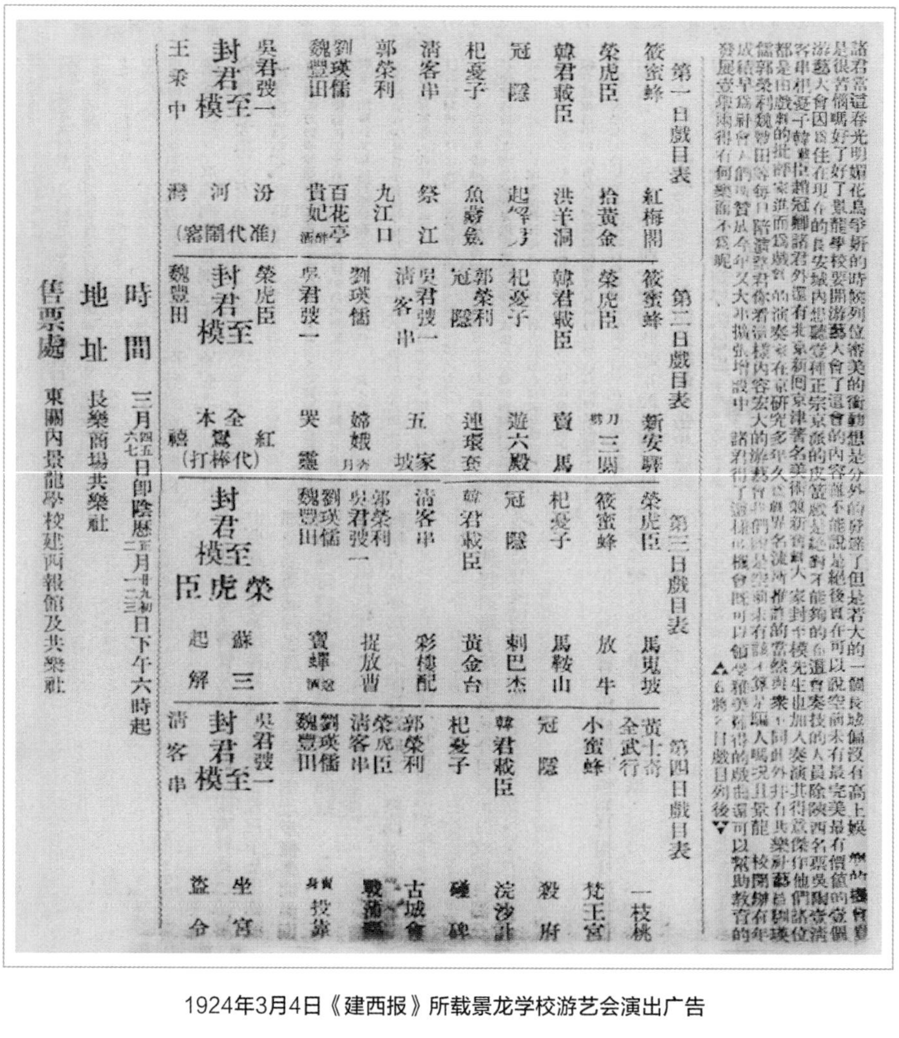

諸君當這春光明媚花鳥爭妍的時候列位審美的衝動想是分外的發達了但是若大的一個長安城偏沒有高上娛樂的機會豈是很苦悶嗎好了好了景龍學校要開游藝大會了這會的內容雖不能說是絕後實在可以說空前未有最完美最有價值的一個游藝大會因爲住在現在的長安城內想聽聽地道正宗京派的皮簧戲是絕對不能夠的在這會奏技的人員除陝西名票吳[illegible]客串杞憂子韓[illegible]趙冠卿諸君外還有北京新回京津著名美術劇新劇大家封至模先生也加入奏演其得意傑作他們諸位都是由戲劇的批評家進而爲戲劇的演奏家在京研究多年久爲劇界名流所推崇的當然與衆不同此外并有共樂社藝員[illegible]儲郭榮利魏豐田諸君每日陪演[illegible]這樣內容宏大的游藝會[illegible]編入呢況且景龍校開辦有年成績卓著爲社會人們所贊許今年又大來擴張增設中學諸君得了這樣的機會既可以領略[illegible]得的戲曲還可以幫助教育的發展豈不是兩得嗎有何樂而不爲呢

△各將各日戲目列後▽

第一日戲目表

筱蜜蜂	紅梅閣
榮虎臣	拾黃金
韓君藏臣	洪羊洞
冠隱	起[illegible]
杞憂子	魚腸劍
清客串	祭江
郭榮利	九江口
劉瑛儒 魏豐田	百花亭 貴妃醉酒
吳君弢一 封君至模 王秉中	汾河灣（代闖窰）

第二日戲目表

筱蜜蜂	新安驛
榮虎臣	刀劈三關
韓君藏臣	賣馬
杞憂子	遊六殿
郭榮利 冠隱	連環套
吳君弢一 清客串	五家坡
劉瑛儒	嫦娥奔月
吳君弢一	哭靈
榮虎臣 封君至模 魏豐田	全本紅鸞禧（代打棒）

第三日戲目表

榮虎臣	馬嵬坡
筱蜜蜂	放牛
杞憂子	馬鞍山
冠隱	刺巴杰
韓君藏臣	黃金台
清客串	彩樓配
郭榮利 吳君弢一	捉放曹
劉瑛儒 魏豐田	寶蟾送酒
封君至模 榮虎臣	蘇三起解

第四日戲目表

黃士奇 全武行	一枝桃
小蜜蜂	梵王宮
冠隱	殺府
韓君藏臣	浣沙計
杞憂子	碰碑
郭榮利	古城會
榮虎臣 清客串	戰蒲關
劉瑛儒 魏豐田	賣身投靠
吳君弢一 封君至模 清客串	坐宮盜令

時間　三月四五六七日即陰歷二月廿九初一初二初三日下午六時起

地址　長樂商場共樂社

售票處　東關內景龍學校建西報館及共樂社

1924年3月4日《建西报》所载景龙学校游艺会演出广告

《四郎探母》剧照：封至模饰萧太后

《汾河湾》剧照：封至模饰柳迎春

《苏三起解》剧照：封至模饰苏三

宜春園前昨兩日之讌會「特」

北大街宜春園劇場近兩日均有讌會聞前晚十二日之讌會係劉督太夫人以日前壽辰所有祝壽者均未款待因特假座宜春園設宴演劇以資答謝來賓計有于秉良中將閻治堂師長各司令及各軍政要人之內眷劉兼督並在座與陪是夜之劇除由易俗社各角扮演之外並有美術大家封至模君登場串演至昨日（十三日）之讌會係由劉兼督宴請于秉良中將與陪者有各軍政要人仍邀請封君串演戲劇藉覽封之藝術云

1924年3月15日《新秦日报》所载封至模为刘镇华演出报道

6 月，封至模在竞化学校讲演《怎样救济我们精神的饥荒》。

竞化学校由康寄遥等人于民国之初创办，经费充足，师资强大。彼时，在该校任教的康寄遥与李级仁（前者系封至模在西北大学预科时的老师，后者系封至模在国语讲习所时的同学），均与封至模相熟，曾邀请封至模前往该校做题为《怎样救济我们精神的饥荒》的讲演。封至模“例举现代社会之恶浊，人类生活之干枯至于精神方面之饥荒”，认为“尤宜设法救济”。从封至模此番表态，大概可看出封至模的文艺观，他希望对现实社会与人生进行抗衡或做出改变，而戏剧表演即是他用以抗衡、改变的良器。

7 月至 8 月，封至模担任长安县教育会组织的暑期国语讲习所教员。

20 世纪 20 年代初，每逢暑期，陕西各学校都会适时开办一些课余学习班，适逢教育部训令规定“检定小学教员，加试国语科目，限十三年秋季起，一律实行”，报端奉劝“各地小学教员，如未习国音国语者，在此暑期中补习，届时必能合格”，由封至模挚友马公弢担任会长的长安县教育会遂在暑期也创办了国语讲习所，聘刘贞甫、何镜清和封至模负责授课。恰陕西省教育厅与刘镇华复立的西北大学亦联合创办暑期学校，鲁迅与《晨报》记者孙伏园、《京报》记者王小隐等封至模在京旧识来陕。封至模陪同王小隐“遍观西安各剧院”。封至模与传媒界人士素来交好，在他们的影响下，封至模充分认识到了传媒之于戏曲宣传、推广、传播的作用，他后来不仅积极在各报刊发表戏剧普及文章，更亲自办报，建立戏剧推广阵地。

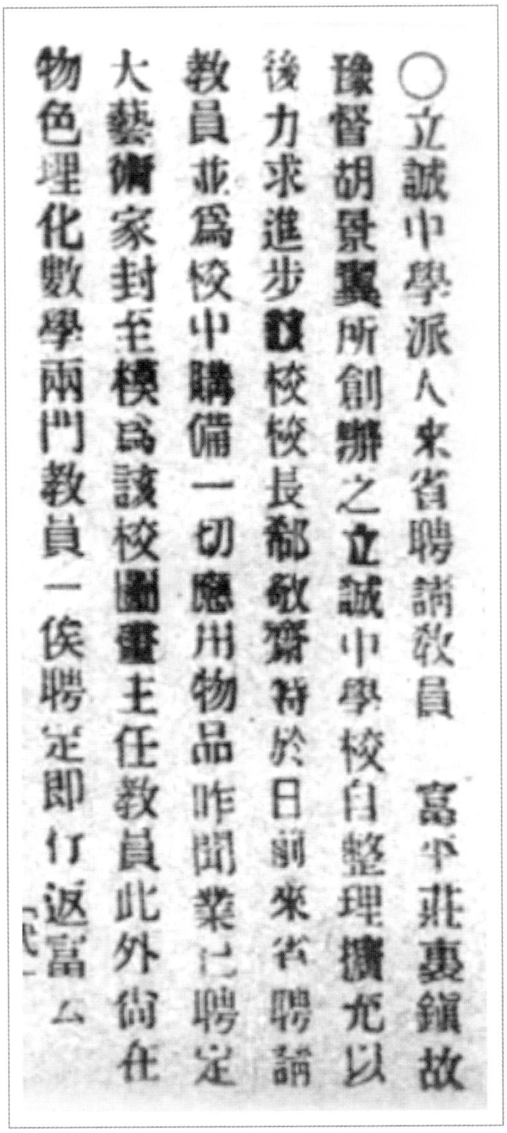

○立誠中學派人來省聘請教員　富平莊裏鎮故豫督胡景翼所創辦之立誠中學校自整理擴充以後力求進步該校校長郗敬齋特於日前來省聘請教員並爲校中購備一切應用物品昨聞業已聘定大藝術家封至模爲該校圖畫主任教員此外尚在物色理化數學兩門教員一俟聘定即行返富云

1926年3月2日《新秦日报》所载封至模赴富平执教报道

1925年　32岁

6月，封至模参加西安“五卅”声援上海活动，演剧筹款。

五卅惨案爆发后，西安发起成立陕西各界对外人屠杀同胞雪耻会，组织了五天盛大的募捐游艺大会，文艺界知名人士和进步师生几百人参加了演出，这给群众很大鼓舞，封至模演出有《玉堂春》《探亲家》《五花洞》等剧。封至模通过游艺活动支持了许多救亡图存运动，这种朴素的爱国热情一直存在于封至模心中，此后，他一如既往地坚持以戏剧救济危难，并在抗战时期创作了更多作品。

1926年　33岁

3月，经郗朝俊介绍，封至模到富平立诚中学任教。

因去岁陕西政局动荡，学生罢课，教员罢教，教育工作开展举步维艰，封至模曾于5月和9月参加长安教育局董事会会议和长安教育会会议商讨解决，仍未得圆满。1926年年初，适逢立诚中学校长郗敬斋来省聘请教员，由曾经的老师郗朝俊介绍，封至模赴富平立诚中学任教。封至模在富平立诚中学任教数月，有不少学生受其教诲。在封至模离开西安后不久，刘镇华率众围攻西安，封至模恰巧躲过一场性命之虞。同年11月，担心家人在刘镇华围攻西安时受到伤害的封至模，在西安解围后第一时间返回西安。

1927年　34岁

2月，封至模经杨晓初介绍入冯玉祥部，设计流通券。

冯玉祥率部入陕，解西安城围并执掌陕政后，为筹备军饷、稳定民心，责薛笃弼、过之翰等襄办财政。封至模经曾在北京求学期间交好的同乡学生、时在冯部任职的杨晓初执意介绍，任技术专员，参与流通券设计、印刷、发行工作，由此走上仕途。横版流通券分1元、2元、5元及1角、2角、5角6种，加印的竖版流通券分1角、3角、5角3种，正面为票值等信息，下有图案、底纹，背面为流通券实行相关办法。后来，流通券大幅贬值，用而又废。

6月、8月、10月、12月，封至模参加振律音乐研究会、美术学校、陕西训政大会、平民教育委员会等主办的游艺演出。

政局稍稳后，一贯热衷文化教育的冯玉祥对游艺活动颇有兴致。上既重之，下则效之，陕西各界对游艺活动又重新点燃了热情。封至模于6月参加了西安各界慰劳宣传团与振律音乐研究会分别主办的游艺大会。前者于3日至5日举办，他与陈介伯、李逸僧、纪书元等演出京剧全本《御碑亭》，与陈介伯演出京剧《梅龙镇》；后者举办时，他与邵商隐、马公弢、阎履初、阎崇楼等再度演出了其话剧代表作——《幽兰女士》。8月，他参与了美术学校游艺会筹备工作；10月参与了陕西第一期训政大会举行的游艺会，与阎重楼演出京剧《贵妃醉酒》；12月参加了平民教育委员会为西安市各区平民学校第一期学生毕业举行的游艺大会，演出京剧《红鸾禧》。当时，很多游艺会的演出，融京剧、秦腔、新剧、舞蹈、幻术等节目于一体，融专业演员、社会票友、学生爱好者于一体，展现了西安市繁荣兴盛的文艺气象。

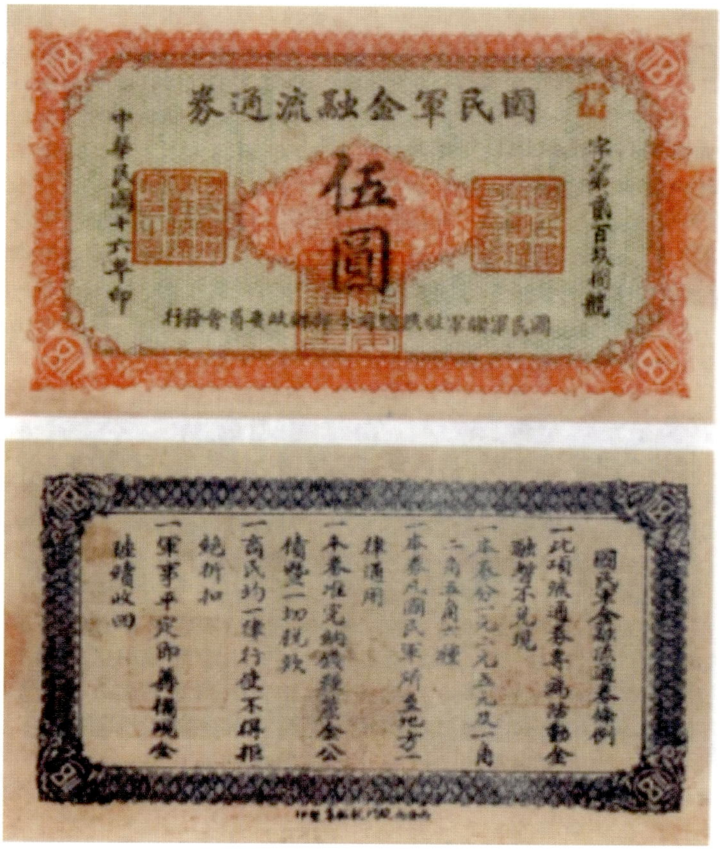

横版流通券

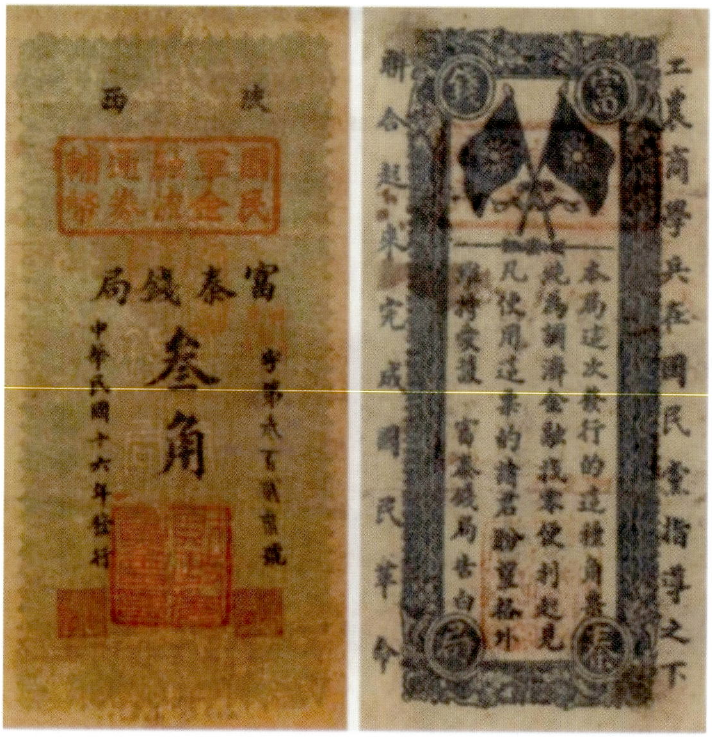

竖版流通券

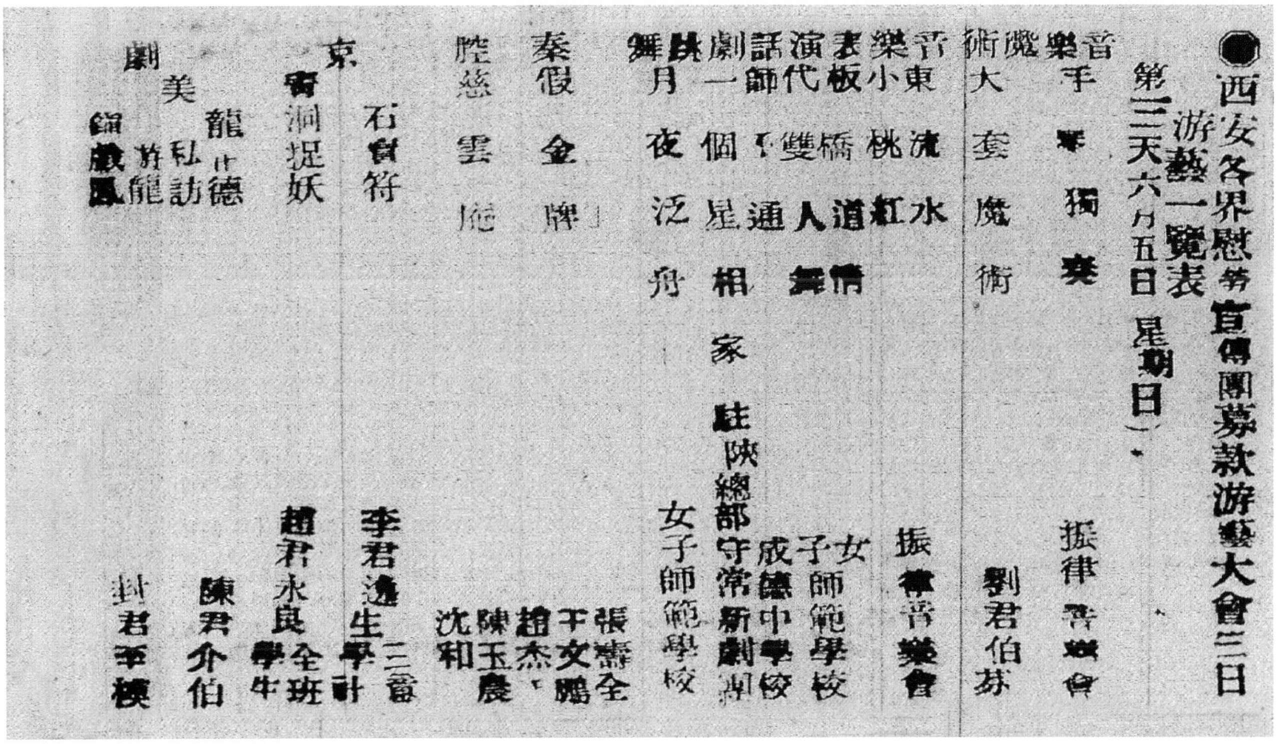

西安各界慰劳宣传团募款游艺大会三日
游艺一览表
第三天（六月五日星期日）

音乐　手风琴独奏　振律音乐会
魔术　大套魔术　刘君伯芬
音乐　东流水　小桃红　振律音乐会
表演　板桥道情　代双人舞　女子师范学校　成德中学校
话剧　师于通　一个星相家　驻陕总部守常新剧社
跳舞　月夜泛舟　女子师范学校
秦腔　假金牌　张寿全　于文鹏　赵杰　陈玉农　沈和
秦腔　慈云庵
京剧　石鼓符　李君逸生　三音学社
　　　青洞捉妖　赵君永良　全班学生
　　　龙凤　陈君介伯
　　　美　封君平模

1927年6月4日《陕西国民日报》所载西安各界慰劳宣传团游艺会演出广告

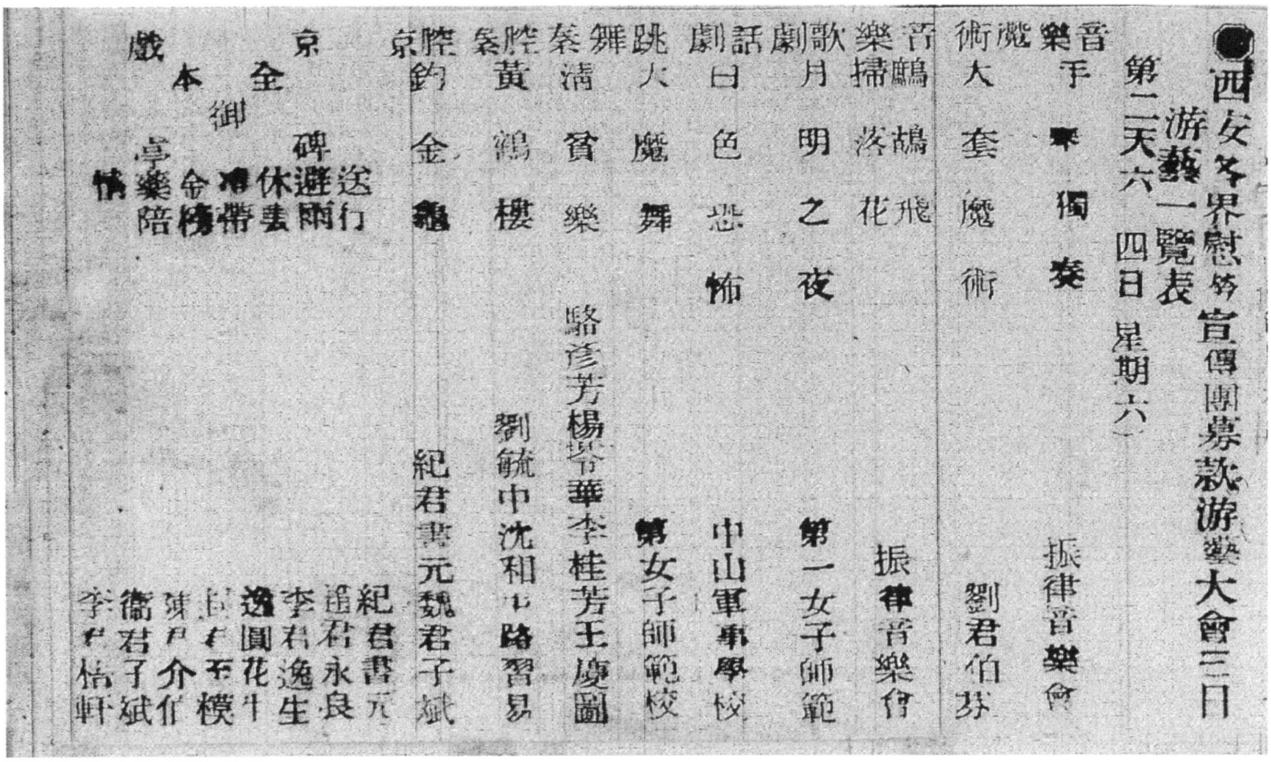

西安各界慰劳宣传团募款游艺大会三日
游艺一览表
第二天（六月四日星期六）

音乐　手风琴独奏　振律音乐会
魔术　大套魔术　刘君伯芬
音乐　鹧鸪飞　扫落花　振律音乐会
歌剧　月明之夜　第一女子师范
话剧　白色恐怖　中山军事学校
跳舞　大魔舞　第一女子师范校
秦腔　清贫乐　骆彦芳　杨苓华　李桂芳　王庆图
秦腔　黄鹤楼　刘毓中　沈和中　路习易
京腔　钓金龟　纪君书元　魏君子斌
京戏　全本御碑亭
　　　送行　纪君书元
　　　避雨　逍君永良
　　　休妻　李君逸生
　　　带　逸圆花生
　　　金榜　陈君介伯
　　　乐陪　卫君子斌
　　　情　李君怡轩

1927年6月5日《陕西国民日报》所载西安各界慰劳宣传团游艺会演出广告

《御碑亭》剧照：封至模饰孟月华

《梅龙镇》剧照：封至模饰李凤姐

1928年　35岁

年初，封至模担任西安邮寄包裹税局局长。

作为冯玉祥"财政总管"的过之翰，对封至模很为倚重，认为封至模设计流通券有功，遂任封至模为西安邮寄包裹税局局长，并派封至模参加财政厅所组织的征收人员训练班。封至模在邮寄包裹税局工作认真勤恳，该局征收税额多次超额完成，封至模因此得到嘉奖并被分予一定提成。这份工作为他此后投身戏剧事业提供了必要的财力支持。

6月，封至模参与创办《小言》（两日刊）。

20世纪20年代，西安市面上的报纸杂志种类尚不算多，戏剧方面的宣传报道及评论研究则更少。鉴于此，封至模联合郑竹逸、武少文、康少韩、吕赞襄、崔孟博、张雨棠、马公弢、刘九如等，创办两日刊《小言》，经费全由个人分担和筹募捐助。该刊原随《新秦日报》附送，后由封至模主持的星星社编辑，西安建筑社发行，设置有戏剧、琐闻、谐语、街谈等栏目，仍侧重于戏剧（秦腔）艺术的宣传。当时西安新闻界的名流孟园梧，曾写《赠封子至模并祝〈小言〉出刊》一诗："《小言》意深远，封子笔如椽。意志宏秦音，事业千秋传。"可见该刊的宗旨与影响。

7月，封至模被任命为陕西省立艺术学校筹办员。10月至11月，封至模参加陕西美术教育成绩展览会教育成绩批判委员会。

冯玉祥及其僚属对艺术教育有颇多关注，20世纪20年代末在陕西、河南等其所辖之地组织开展了多项艺术活动，希望以艺术唤醒民众。封至模回陕后任职的陕西美术学校因经费捉襟见肘，冯玉祥遂考虑接办。封至模于7月受当局委任作为筹备委员之一参与讨论。冯玉祥为"提倡美术，推进教育"，还曾组织陕西美术教育成绩展览会并组织成立教育成绩批判委员会，评判各校教育成绩以期进步，封至模曾数次参与该会会议。作为美术专家的封至模，为陕西近代美术教育的发展，做出了一定贡献。

封至模（右）与李漱石（左）合影

1929年　36岁

封至模与甄寿珊、马公弢、冯克昌等合办西安饭店（今西安饭庄）。

2月以后，陕西地方实力派甄寿珊被冯玉祥部罢免兵权，调任印花税处，与同在财政系统的封至模相互熟络。当时，西安市场上只有一般的小吃饭铺，没有一家比较典雅、宽敞的餐馆。甄寿珊遂与封至模、马公弢及餐饮界的冯克昌等联合集资开设了西安饭店。20世纪40年代，冯克昌退还集资者股金，独资经营，将西安饭店改名西安饭庄，后西安饭庄改为公办，如今它已成为陕西美食餐馆中的一张金字名片。

封至模与李漱石（原名李秀莹）成婚。

当时，西安各校有不少喜好秦腔、京剧的热心学生，省立女子师范学校的李秀莹便是其中之一，她曾由封至模教导排演了《断桥》《霸王别姬》等剧。后经孙芙渠（李游鹤夫人）介绍，封至模与李秀莹结为连理，二人在中山图书馆花园大厅举办婚礼，证婚人是甄寿珊。

《群英会》剧照：封至模饰周瑜

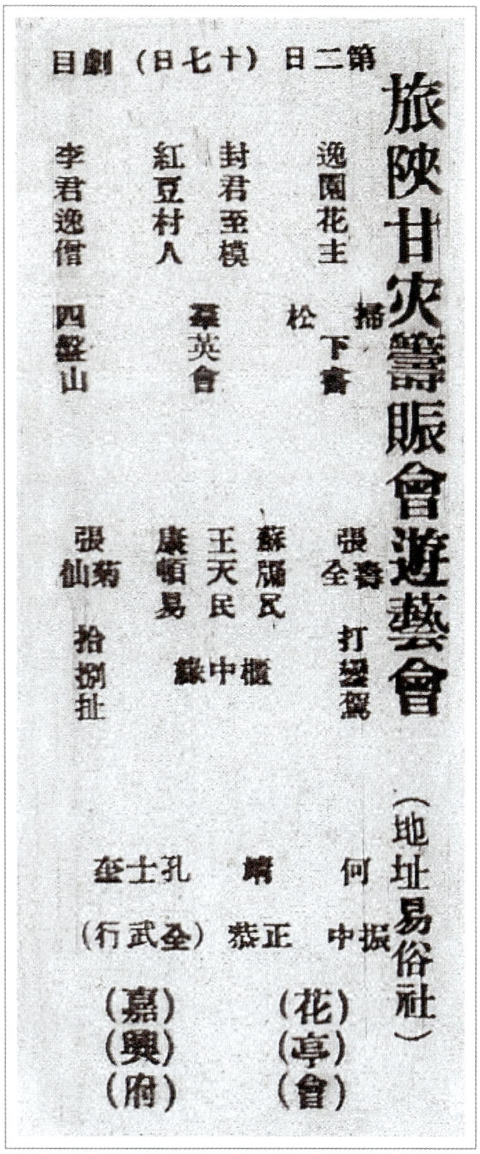

旅陜甘災籌賑會遊藝會

（地址易俗社）

第二日（十七日）劇目

逸園花主　掃松下書
封君至模　紅豆村人　群英會
李君逸僧　四盤山
張春全　打鑾駕
蘇繩民　王天民　康頓易　櫃中緣
張菊仙　拾捌扯
何振中（花亭會）
嶠恭正
孔士奎（奎武行）（嘉興府）

1929年8月17日《新秦日报》所载

旅陕甘灾筹赈会游艺会演出广告

2月、8月、9月、11月，封至模参加红会募赈游艺会、旅陕甘灾筹赈会游艺会、凤翔筹赈游艺会、陕南急赈游艺会演出。

1928年，陕西等地发生严重旱灾，1929年灾情愈演愈烈。举办游艺会是当时许多地方所采取的重要募捐方式，封至模亦踊跃参与其中。2月16日至17日，封至模参加红会募赈游艺会，与吴弢乙、李逸僧、邵雍黎等演出京剧《珠帘寨》，与张菊仙、张小亭、胡金奎等演出京剧《虹霓关》，与逸园花主、李逸僧、吴弢乙等演出京剧《大玉堂春》，与逸园花主、吴弢乙、李逸僧等演出京剧《北天门》；8月16日至17日，参加旅陕甘灾筹赈会游艺会，与李逸僧演出京剧《龙门寺》，与红豆村人演出京剧《群英会》（系迄今所见封至模首次公开演出的小生剧目），与逸园花主、陈介伯演出京剧《乌龙院》；9月20日至21日，参加凤翔筹赈游艺会，与李逸僧、陈介伯演出京剧《红鸾禧》，与逸园花主、张秀云演出京剧《汾河湾》；11月23日至24日，参加陕南急赈游艺会，与逸园花主、陈介伯、李逸僧等演出京剧全本《御碑亭》，与逸园花主、李逸僧、陈介伯等演出京剧全本《翠屏山》。以上游艺会演出中，京剧、秦腔居主流，封至模与易俗社及其他秦腔班社演员结为同好，为他后来进行秦腔改革创造了条件。

11 月，封至模由邮寄包裹税局局长调任畜税局局长。

荒年中，畜税局仍保持着相对较高的征收金额，在全省各征收单位营收普遍短绌情况下，是少有的有所盈长之单位。调任畜税局局长，封至模的经济收入得到了更好的保障。

封至模36岁留影

1930 年　37 岁

8 月、9 月间，封至模参与筹划、组织景龙学校筹款游艺大会。

1930 年陕西灾情稍有缓解，社会秩序逐渐恢复。陕西各学校为求生存，各施本领筹措经费，封至模遂与景龙学校同仁一道策划组织了筹款游艺会，虽屡经延宕，但终于 9 月末成功举办。封至模本人于 9 月 26 日与陈雨农、刘立杰、刘迪民等演出秦腔《玉虎扇坠》（系迄今所见封至模首次演出秦腔剧目），于 9 月 27 日与逸园花主、李逸僧、魏子宾等演出京剧《长生殿》。封至模在这场演出中，不仅亲身串演秦腔，还广邀秦腔、京剧名家和名票参与，并在剧目安排上设计诸多噱头，以招徕观众，展现出了卓越的组织能力。

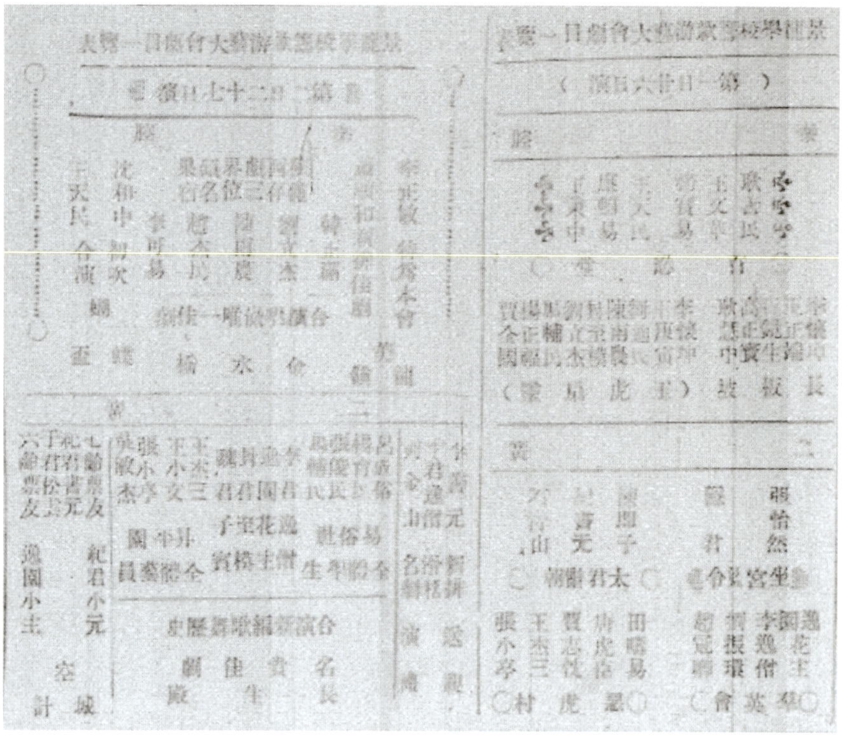
景龍學校籌款游藝大會劇目一覽表

1930年9月26日《陕西中山日报》所载景龙学校筹款游艺大会广告

《长生殿》剧照：封至模饰杨贵妃 1

《长生殿》剧照：封至模饰杨贵妃 2

《长生殿》剧照：封至模饰杨贵妃 3

《长生殿》剧照：封至模饰杨贵妃 4

是年，封至模改任财政厅编纂主任，于 12 月开始在《西安日报》上发表戏曲评论文章。

杨虎城回陕后，以雷霆手段除去甄寿珊，又大幅更换各机关长官，财政厅亦被“大换血”。封至模虽未完全去职，但亦被改任财政厅编纂主任。1930 年 12 月，《西安日报》开设“百货铺”栏目，封至模连续在其上发表文章，于 12 月 19 日发表《张介绶扮相的商榷》，于 12 月 25 日发表《〈柜中缘〉“鞋”的问题》，于 12 月 29 日发表《〈春闺考试〉的“燕”》，就易俗社剧目之扮相、表演、情节进行讨论，并明确向胡文卿、范紫东、孙仁玉等易俗社之主事者提问，由此获得了易俗社社方关注。

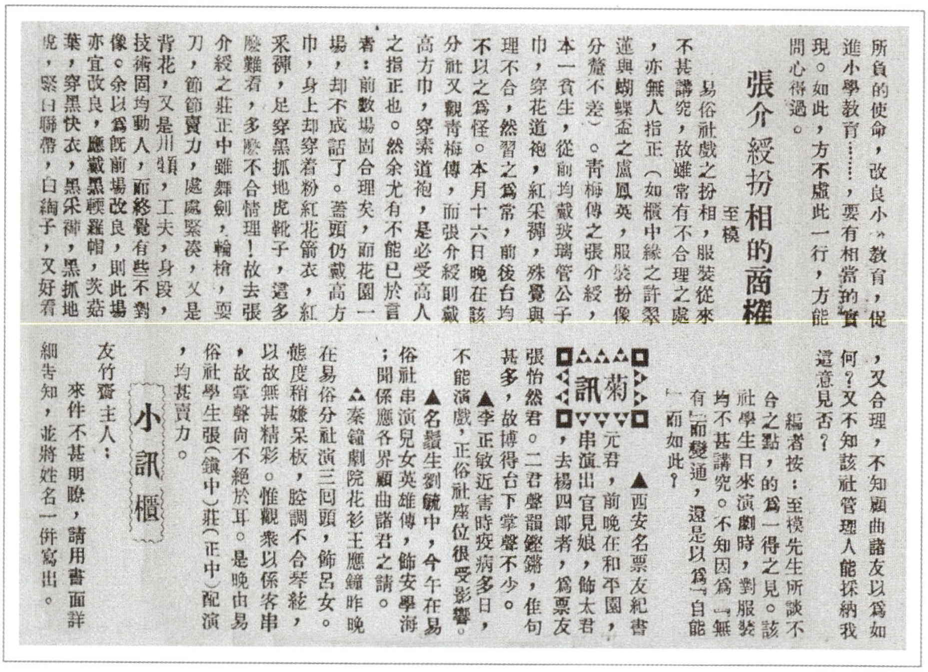

所負的使命，改良小〃教育，促進小學教育……，要有相當的實現。如此，方不虛此一行，方能問心得過。

張介綬扮相的商榷

至模

易俗社戲之扮相，服裝從來不甚講究，故雖常有不合理之處，亦無人指正（如櫃中緣之許翠蓮與蝴蝶盃之盧鳳英，服裝扮像分毫不差）。青梅傳之張介綬，本一貧生，從前均戴玻璃管公子巾，穿花道袍，紅采褲，殊覺與理不合，然習之爲常，前後台均不以之爲怪。本月十六日晚在該分社又觀青梅傳，而張介綬則戴高方巾，穿素道袍，是必受高人之指正也。然余尤有不能已於言者：前數場固合理矣，而花園一場，却不成話了。蓋頭仍戴高方巾，身上却穿着粉紅花箭衣，紅采褲，足穿黑抓地虎靴子，這多麼難看，多麼不合情理！故去張介綬之莊正中雖舞劍，輪槍，耍刀，節節賣力，處處緊湊，又是背花，又是川頓，工夫，身段，技術固均動人，而終覺有些不對像。余以爲既前場改良，則此場亦宜改良，應戴黑軟羅帽，茨菇葉，穿黑快衣，黑采褲，黑抓地虎，緊口聯帶，白綢子，又好看，又合理，不知顧曲諸友以爲如何？又不知該社管理人能採納我這意見否？

編者按：至模先生所談不合之點，的爲一得之見。該社學生日來演劇時，對服裝均不甚講究。不知因爲「無有」而變通，還是以爲「自能」而如此？

菊訊

▲西安名票友紀書元君，前晚在和平園串演出官見娘，飾太君，去楊四郎者，爲票友張怡然君。二君聲韻鏗鏘，佳句甚多，故博得台下掌聲不少。

▲李正敏近害時疫病多日，不能演戲，正俗社座位很受影響。

▲名鬚生劉毓中，今午在易俗社串演兒女英雄傳，飾安學海；開係應各界顧曲諸君之請。

△秦鐘劇院花衫王應鐘昨晚在易俗分社演三回頭，飾呂女。態度稍嫌呆板，腔調不合琴絃，以故無甚精彩。惟觀衆以係客串，故掌聲尚不絕於耳。是晚由易俗社學生張（鎮中）莊（正中）配演，均甚賣力。

小訊櫃

友竹齋主人：

來件不甚明瞭，請用書面詳細告知，並將姓名一併寫出。

1930年12月19日《西安日报》所载署名“至模”的文章

易俗社《春闺考试》演出剧照

1931年 38岁

1月，封至模为易俗社移植改编的《白门楼》（又名《水淹下邳》）剧上演。

易俗社接受了封至模在文章中提出的建议，并请封至模以非正式社员的身份与陈雨农为庄正中、刘文中排导《水淹下邳》剧。这是封至模以京剧票友身份参与导演的第一部秦腔剧目，由此开始了他在易俗社的艺术活动经历。《水淹下邳》由京剧改编为秦腔，排出后，从吕布“护胸牌”之扮相设计到移植京剧之排演方式，封至模均受到了一定程度的质疑。但应该说，封至模的改编，尤其在意识宗旨方面比较有新意，封至模提出：“历史之‘得’，是我们底镜子；历史之‘失’，也是我们底镜子。镜子总是逃不出且离不了的。我们常需要一个镜子，照照我们自己的衣冠！”这可以看作是他剧目创演的基本纲领，后来他创作的《山河破碎》《还我河山》等一大批剧本，亦贯穿着这一思想，在激荡时代里显现出了艺术光辉。

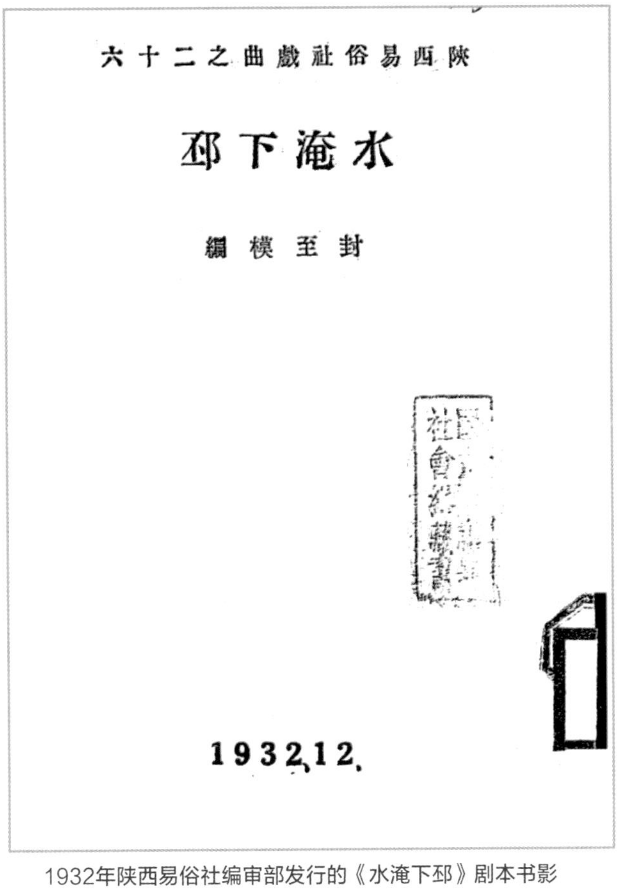

陝西易俗社戲曲之二十六

水淹下邳

封至模編

1932.12.

1932年陕西易俗社编审部发行的《水淹下邳》剧本书影

《水淹下邳》剧照：刘文中饰貂蝉，庄正中饰吕布

《水淹下邳》剧照：封至模饰吕布

《龙门寺》剧照：陆三民饰许秀姬，庄正中饰吕蒙正

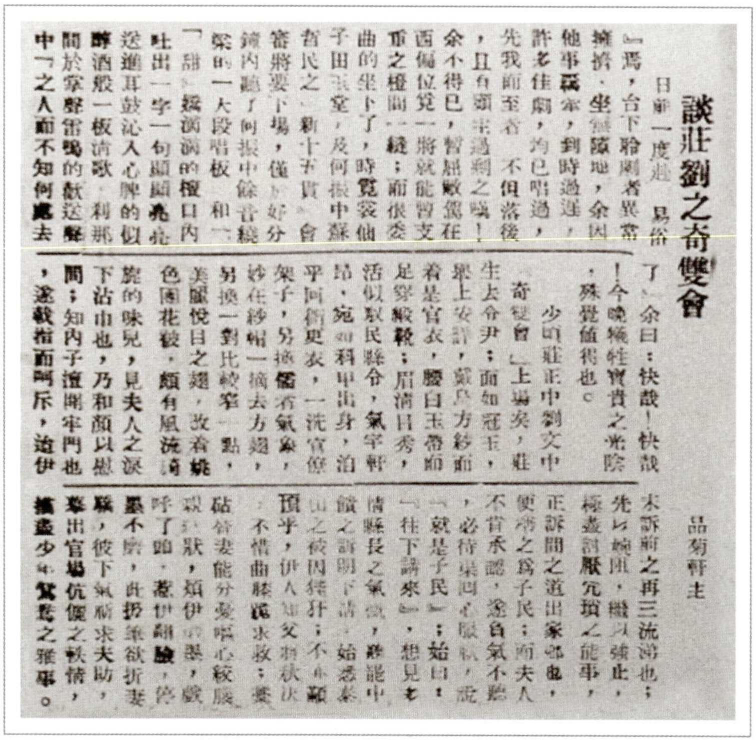

談莊劉之奇雙會

品菊軒主

日前一度赴易俗」焉，台下聆劇者異常擁擠，坐無隙地，余因他事羈牽，到時過遲，許多佳劇，均已唱過，先我而至者，不但落後，且有頭宗過癮之嘆！余不得已，暫屈駕在西偏位兒，一將就能支重之檯間一繞；而很委曲的坐下了，時覺窈仙子田玉堂，及何振中蘇哲民之《新十五貫》會審將要下場，僅好分鐘內聽了何振中餘音繞梁的一大段唱板和「「甜」鑼滴滴的腔口內吐出一字一句顯顯亮亮送進耳鼓沁人心脾的似醇酒般一板清歌，剎那間於穿聲雷鳴的歡送聲中「」之人而不知何處去

了，余曰：快哉！快哉！今晚犧牲實貴之光陰，殊覺值得也。

少頃莊正中劉文中「奇雙會」上場矣，莊生去命尹；面如冠玉，舉上安詳，戴烏方紗而着是官衣，腰白玉帶而足穿緞靴；眉清目秀，活似取民縣令，氣宇軒昂，宛如科甲出身，泊平回衙更衣，一洗官僚架子，另換儒者氣象，紗在紗帽一摘去方翅，另換一對比較窄一點，美麗悅目之翅，改着姚色團花袍，頗有風流倜儻的味兒，見夫人之淚下沾巾也，乃和顏以慰問；知內子擅闖牢門也，遂載指面呵斥，迨伊

未訴前之再三洗滌也；先以婉用，繼以強止，極盡討厭冗瑣之能事，正訴聞之道出家郎也，便為之為子民；而夫人不肯承認，遂自氣不聽，必待桌回心服氣，竟「就是子民」；始曰：「往下講來」，想見老情懸長之氣氛，雖能中饒之訴明下情，始悉泰山之被因猜忌；不禁顯預乎，伊人知父將秋決：不惜曲膝流求救；婁砧替妻能分憂嘔心稼賬寂然狀，頗伊心喜，欣呼了節，羞伊翻臉，倍墨不磨，此指筆欲折妻縣，彼下氣稍求夫助，舉出官場伉儷之秩情，搖盡少年貧賤之雅事。

1931年9月24日《西安日报》所载有关《奇双会》的演出评论

4月、5月、9月，封至模为易俗社移植改编并排导的《龙门寺》《奇双会》《赤壁鏖兵》上演。

有感于西安剧坛捧旦之风过盛，封至模思图改变，遂着力在小生剧目上进行创编，庄正中是当时封至模最主要的提携对象。封至模为其排导了《龙门寺》等一批剧目，仅《赤壁鏖兵》剧之舞剑便请专人为之教导、排练达大半年之久，可见用心之深。《龙门寺》，秦腔剧原名《木楠寺》（又名《坐窑》），改编本与原本剧情大同小异，唯将女主角之名由刘翠屏改为许秀姬，由庄正中、陆三民首演。《奇双会》剧有“李奇哭监”“赵宠写状”“公堂三拉”“察院团圆”四部分内容，由庄正中、刘文中、张镇华、罗蔚中首演。《赤壁鏖兵》又名《群英会》，由庄正中、马平民、李可易、何相国、张镇华等首演。这几出以小生为主的剧目推出后，得到了观众肯定，封至模还曾为庄正中在报纸发行“专号”作为宣传。经过这一系列运作，西安专好旦角之风习有所改观。庄正中离社后，由旦改生的杨令俗得到封至模的悉心栽培，接演了庄正中的大多剧目。《龙门寺》《奇双会》等皆成为杨令俗与其搭档宋上华的代表作，二人联袂演出六十年，成就了一段梨园佳话。

《奇双会》剧照：庄正中饰赵宠

《赤壁鏖兵》剧照：庄正中饰周瑜

《奇双会》剧照：刘文中饰李桂枝

《赤壁鏖兵》剧照：庄正中饰周瑜

《奇双会》剧照：刘文中饰李桂枝，庄正中饰赵宠

封至模（左）与庄正中（右）合影

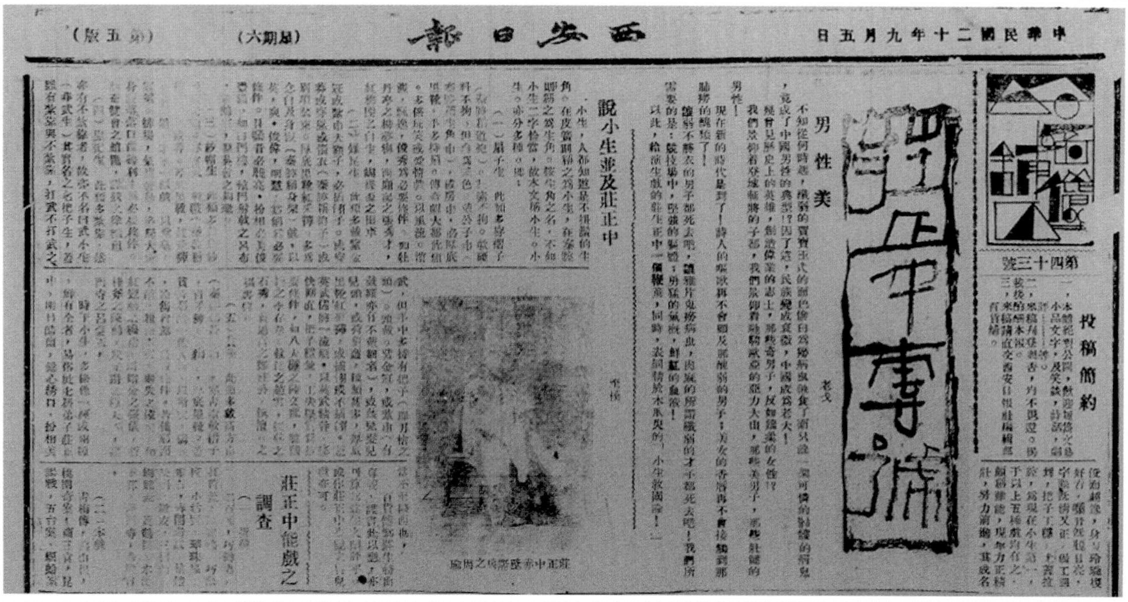

1931年9月5日《西安日报》所载“庄正中专号”

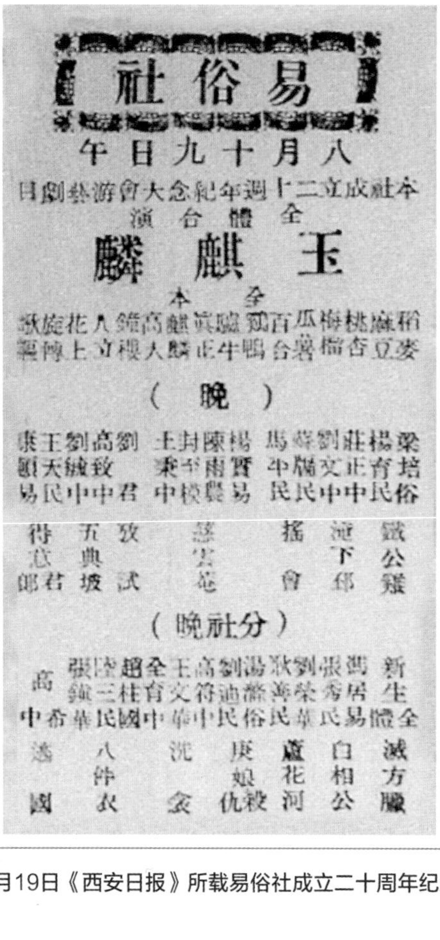

1931年8月19日《西安日报》所载易俗社成立二十周年纪念演出广告

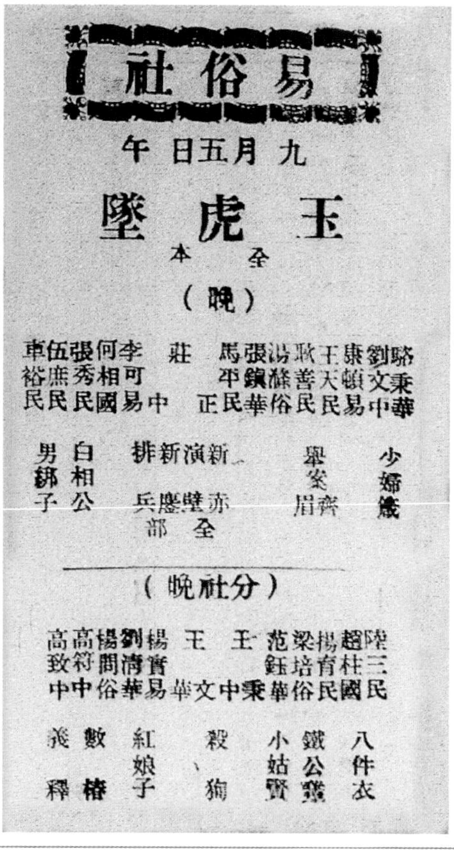

1931年9月5日《西安日报》所载易俗社《赤壁鏖兵》演出广告

封至模（后排左一）与易俗社同仁合影

陕西易俗社成立二十周年纪念全体合影（坐凳者一排右六为封至模）

6月，封至模被易俗社吸收为正式社员。

易俗社虽以秦腔立身，但它从未以陕西、秦腔自我设障，一直有着比较明确的发展规划，试图对外发展走出陕西，向内壮大增添京剧。易俗社人希望他们的教育被“推及全国”，因在外演出“名誉毕竟不凡”，可惜缺乏“长于外交、心地诚实人才”，封至模“系北京美术学校毕业生，善演花衫，唱仄音宛转曲折，不亚梅欧，在京津串戏，即有名”，“归陕后，艺益进，每一登台，座辄拥满，近复兼唱秦腔，亦能推陈出新”，正是可使其社改良艺术从行于本省到通行全国得以实现的可托付之人。封至模进入易俗社后，并未辜负易俗社对他的信任，充分利用他在京剧、话剧界积累的艺术人脉资源，为易俗社的艺术推广与形象打造做出了相应贡献。

西安市將有青白劇社出現

國民社訊，西安市上，藝術空氣，日益濃厚，尤以新劇一道，大有雨後春筍之勢，近有黨部暨文藝界，及戲劇界諸同志，共同組織一新劇團體，定名爲青白劇社，昨下午在省黨部開籌備會，當推定負責籌備員，郭青傑，何幾玄，楊復三，楊志儉，封志模，朱逸塵，皮一淨等，並決定。一，由郭青傑，楊復三負責，擬工作計劃大綱，及經費預算，二，由朱逸塵，擬劇社簡章，三，由皮一淨，何幾玄負責徵求社員，及起草青白社緣起，四，決定下星期二下午二時，召集第二次籌備會云。

1931年6月7日《新秦日报》所载有关青白剧社的内容

6月，封至模参与双星剧团演出活动及青白剧社筹建活动。

20世纪20年代，西安就有化妆讲演团、红芽社等话剧组织，封至模也参与过其中的一些活动。至20世纪30年代，西安外来人士渐多，话剧既可用作消闲，又可广事宣传，故而为人所重。1931年6月，刘尚达、李瑞阳等在三原创立的陕西省立第三中学新剧团——双星剧团，来省城公演《新村正》《兰芝与仲卿》《醉了》《屏风后》等剧。封至模被此剧团聘为化装主任，以其多年美术功底与新剧经验所做之设计，被称作“极为求是，无懈可击”。当月，封至模还与郭青杰等筹备成立青白剧社。封至模此时虽主要致力于戏曲活动，但热情不减，能力不俗，仍参与话剧活动，与刘尚达等人在精诚协作中结下了深厚的友谊，一道为陕西话剧事业发展保驾护航。

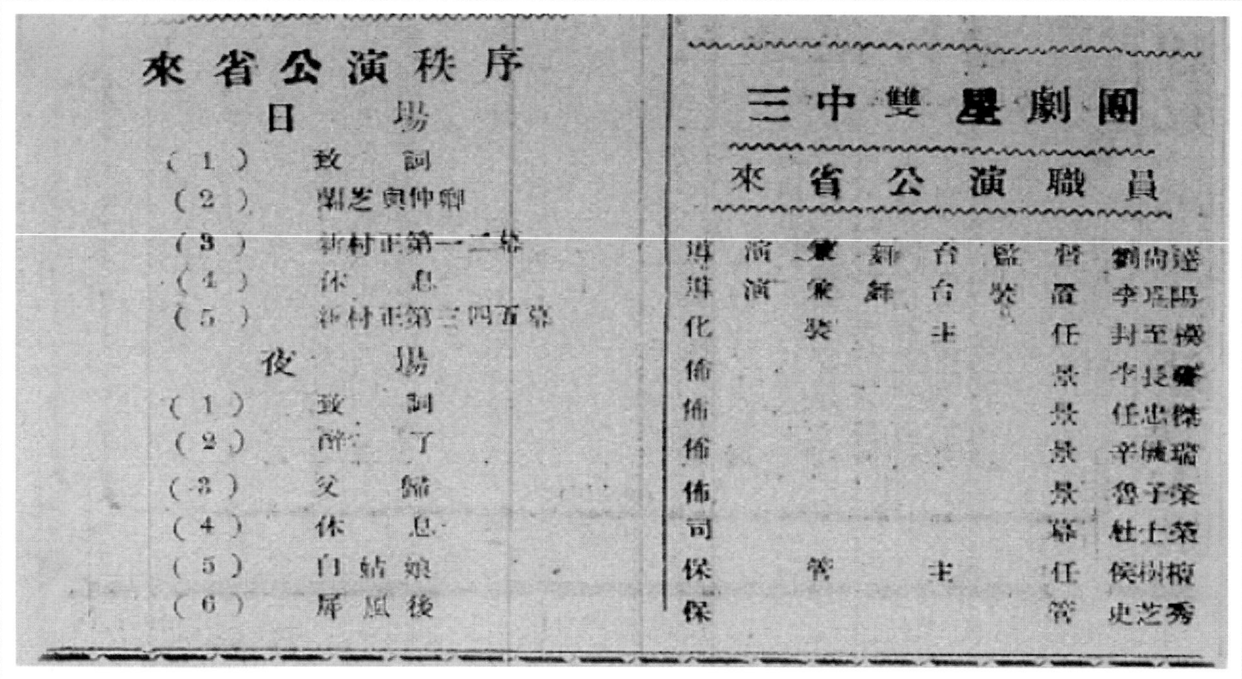

來省公演秩序

日場

（1）致詞
（2）蘭芝與仲卿
（3）新村正第一二幕
（4）休息
（5）新村正第三四五幕

夜場

（1）致詞
（2）醉了
（3）父歸
（4）休息
（5）白姑娘
（6）屏風後

三中雙星劇團

來省公演職員

導演兼舞台監督 劉尚達
導演兼舞台裝置 李瑞陽
化裝主任 封至模
佈景 李長[illegible]
佈景 任忠傑
佈景 辛儀瑞
佈景 魯子榮
司幕 杜士榮
保管主任 侯樹棣
保管 史芝秀

1931年6月7日《西安日报》所载双星剧团演出广告

馬平民專號

1931年8月12日《西安日报》所载“马平民专号”

戲劇週刊 至模主編

1931年10月3日《西安日报》所载至模主编栏目

皮簧票友社已定名 和衆票社簡章

1931年7月18日《西北文化日报》所载《和众票社简章》

6 月,封至模筹备创办的《长安生活》周报发行。10 月由其主编的《西安日报 · 戏剧周刊》发行。他持续发表戏剧文章。

继《小言》后,1931 年 5 月,封至模与冷面孔、沙弥、长安游客等筹办《长安生活》周报,于 1931 年 6 月初发行第 1 期,至第 7 期后停发。1931 年 10 月,封至模在《西安日报 · 戏剧周刊》任主编,此刊开始为 1 周 1 期,后改为 1 周 2 期,至 1932 年 4 月,共发行 30 余期。1931 年至 1932 年,封至模在以上平台发表了大量文章。这个时期是他公开发表文章最集中的一个时期。他通过发表文章及策划组稿,为西安戏剧气氛的活跃与戏剧理论的普及起到了重要作用。

7 月,封至模参与和众票社筹建,并在其成立后,多次参与其活动。

京剧票友在西安素来有,封至模在 20 世纪 20 年代初暑期回陕之际就曾参与过票界活动。西安之前曾出现有嘤社、广益娱乐社等票社组织,因人员变化屡有兴废,20 世纪 30 年代初,随着政局安定,人员往来流动频繁,好皮黄之士日渐增多,遂有再筹办票社之议。6 月,为名票纪书元送别时,王颂臣、杨望尼、曹国华(后长期担任公安局局长)等人已有成立票社之想法,7 月中旬他们邀封至模等参与筹备会议讨论,定票社名为“和众”,登报公布简章,宣布其宗旨为“研究戏曲,促进艺术,联络感情,陶冶性情”。该票社各角均有相当艺术水平,其中有些在平、津颇负盛名。老生有王颂臣、曹国华、李游鹤、杨望尼、陈介伯、吴瑜仲等;旦角有蒋剑秋、王鼎臣、张宽贤、柴佩如、封至模等;小生有李逸僧等;花脸有陈介伯、赵冠青等;武生有李鸿钧、周周人等;丑角有魏子宾、陈即予等;老旦有纪书元、李樾村等。王颂臣、李游鹤、封至模等能戏可达五六十出。和众票社贤达云集,名声显赫,凡有公益游艺会,人员均义务登台,奉献社会。

1931年6月7日西安票界欢送纪书元返津合影（亭下右二为封至模）

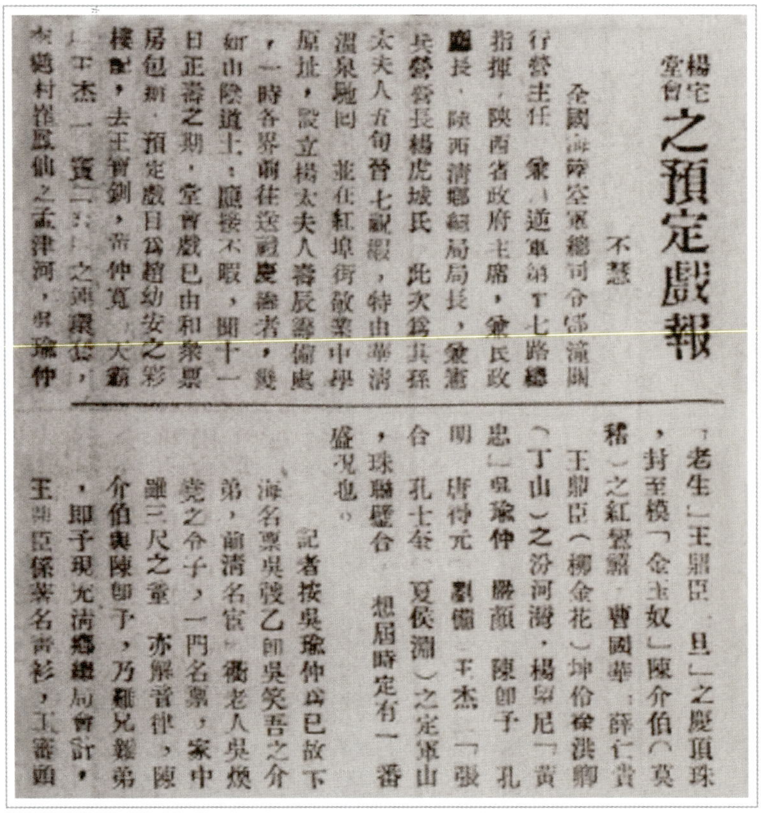

楊宅堂會之預定戲報

不慧

全國海陸空軍總司令部潼關行營主任，兼討逆軍第十七路總指揮，陝西省政府主席，兼民政廳長，陝西清鄉總局局長，兼憲兵營營長楊虎城氏，此次為其孫太夫人五旬晉七誕辰，特由華清溫泉馳回，並在紅埠街敬業中學原址，設立楊太夫人壽辰籌備處，一時各界爾往致賀慶祝者，幾如山陰道上，應接不暇，聞十一日正壽之期，堂會戲已由和衆票房包辦，預定戲目為趙幼安之彩樓配，去王寶釧，帝仲寬之大霸[illegible]下杰一[illegible]之連環套，女蘭村崔鳳仙之孟津河，吳瑜仲「老生」王鼎臣「旦」之慶頂珠，封至模「金玉奴」陳介伯（莫稽）之紅鸞禧，曹國華，薛仁貴王鼎臣（柳金花）坤伶徐洪卿（丁山）之汾河灣，楊翠尼「黃忠」吳瑜仲，滕顏，陳卿子，孔明，唐得元，劉備，王杰「張合」孔士奎（夏侯淵）之定軍山，珠聯璧合，想屆時定有一番盛況也。

記者按吳瑜仲為已故下海名票吳薆乙卿吳笑吾之介弟，前清名宦，衛老人吳煥堯之介子，一門名票，家中雖三尺之童，亦解音律，陳介伯與陳卿子，乃難兄難弟，即予現充清鄉總局會計，王鼎臣係著名書彩，工審邊

1931年8月9日《民意报》所载和众票社为杨虎城之母庆寿演戏报道

《浣纱记》剧照：王颂臣饰伍子胥

《四郎探母》剧照：曹国华饰杨延辉

《长生殿》剧照：李游鹤饰李隆基

《桑园寄子》剧照：李游鹤（立者）饰邓伯道

《盗宗卷》剧照：李游鹤饰陈平，杨望尼饰张苍

《御碑亭》剧照：王鼎臣饰孟月华

《群英会》剧照：李逸僧饰周瑜

《汾河湾》剧照：张宽贤（左）饰柳迎春

《岳家庄》剧照：李鸿钧（李游鹤之子）饰岳云

《浣花溪》剧照：李游鹤饰崔宁，封至模饰任蓉卿，李逸僧饰鱼氏

《宇宙锋》剧照：封至模饰赵艳蓉

《战蒲关》剧照：封至模饰徐艳珍

《梅龙镇》剧照：封至模饰李凤姐

《穆柯寨》剧照：封至模饰穆桂英

《马嵬驿》剧照：封至模饰杨贵妃

《战宛城》剧照：封至模饰邹氏

《庆顶珠》剧照：封至模饰萧桂英

《花田错》剧照：封至模饰春兰

《十三妹》剧照：封至模饰何玉凤

《拾玉镯》剧照：封至模饰孙玉姣

《梅龙镇》剧照：封至模饰李凤姐，李游鹤饰正德帝

《镇潭州》剧照：封至模饰杨再兴

《黄鹤楼》剧照：封至模饰周瑜

《石秀探庄》剧照：封至模饰石秀

西安票界同仁在李游鹤院子合影（前排手执帽者为封至模）

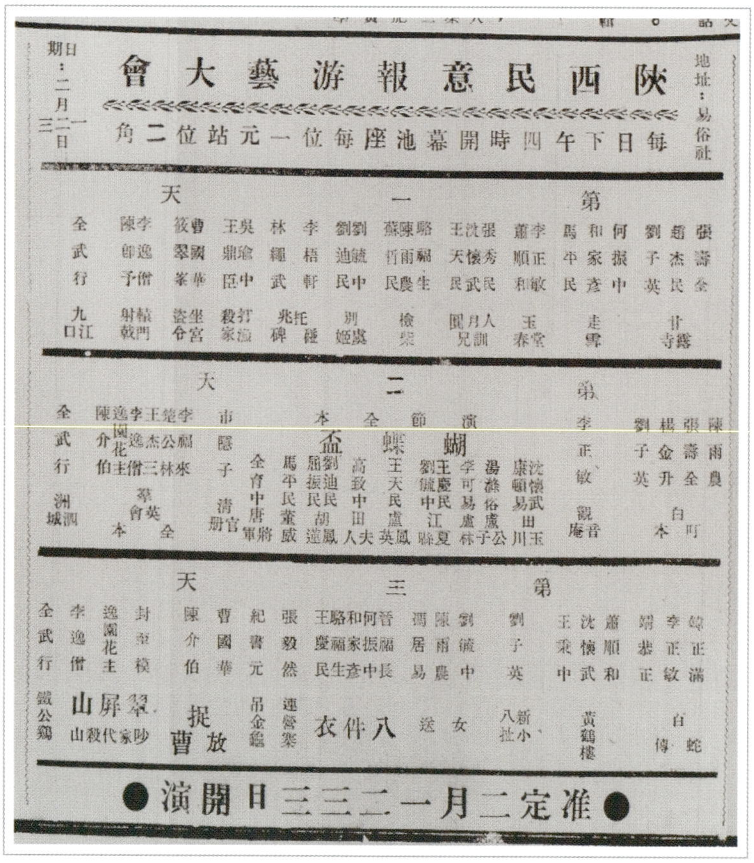

1931年1月30日《西安日报》所载陕西《民意报》游艺大会演出广告

2月、5月、8月、9月，封至模参加陕西《民意报》游艺大会、崇德学校筹款游艺会与红会女子小学校筹款游艺会、西安各界反日援侨后援会游艺会、西安和众票社为东南水灾募捐游艺会。

陕西局势稍稳，百业恢复尚需时日，游艺筹款又成风尚，以反日为号召的游艺演出开始出现并有日趋增加之势。1931年2月3日，封至模参加陕西《民意报》游艺大会，与逸园花主、李逸僧演出京剧《翠屏山》（表演吵家和杀山两出戏）；5月17日，参加崇德学校筹款游艺会，与杨望尼演出京剧《武家坡》；5月29日至31日，参加红会女子小学校筹款游艺会，与康顿易演出秦腔《忠孝图》（《杀狗劝妻》），与李逸僧、陈雨农、刘立杰、赵杰民等演出秦腔《玉虎扇坠》，与沈和中演出秦腔《蝴蝶杯·洞房》；8月29日，参加西安各界反日援侨后援会游艺会，与李逸僧、陈介伯演出京剧《红鸾禧》；9月23日至24日，参加西安和众票社为东南水灾募捐游艺会，与李逸僧演出京剧《龙门寺》，与王鼎臣、吴瑜仲演出京剧《五花洞》，与王颂臣、杨望尼演出京剧《二进宫》，与杨望尼、王鼎臣、王颂臣、曹国华、李逸僧、陈介伯、李樾村、吴瑜仲等演出京剧《四郎探母》。

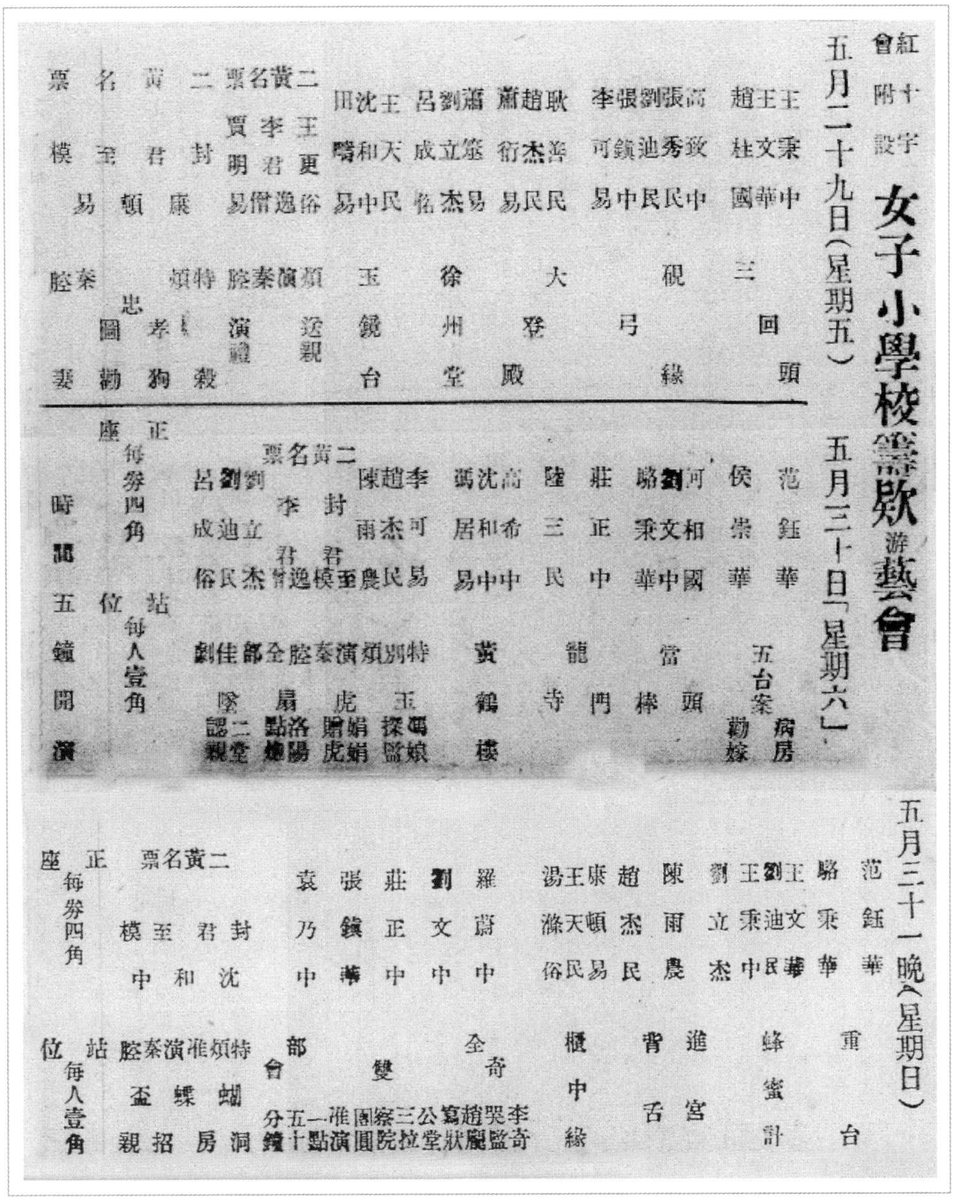

紅十字會附設女子小學校籌款游藝會

五月二十九日（星期五）

五月三十日（星期六）

五月三十一晚（星期日）

1931年5月29日、30日《民意报》所载红十字会附设女子小学校筹款游艺会演出广告

西安各界反日援僑後援會游藝劇目一覽

秦腔

皮簧

第三天

時間下午四時

（八月廿九日）

地址易俗社

1931年8月29日《民意报》所载西安各界反日援侨后援会游艺会演出广告

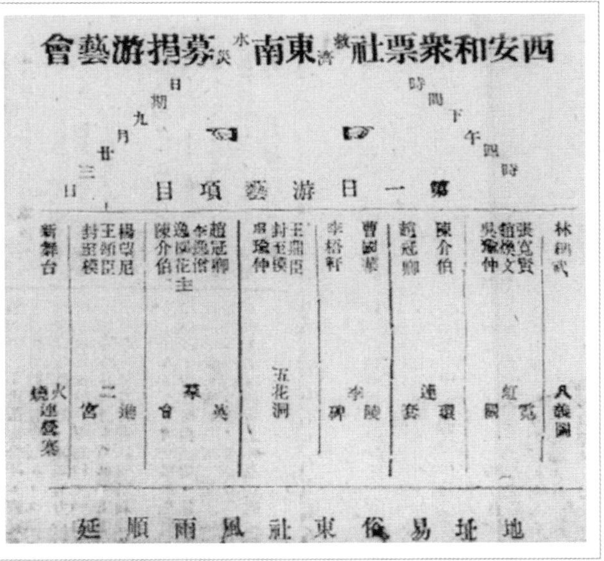

西安和衆票社救濟東南水災募捐游藝會

第一日游藝項目

日期九月廿三日

時間下午四時

地址易俗社東　風雨順延

1931年9月23日《民意报》所载西安和众票社救济东南水灾募捐游艺会演出广告

《蝴蝶杯》剧照：封至模饰卢凤英

《五花洞》剧照：封至模饰潘金莲

好友刘毓中1972年赠封至模照片

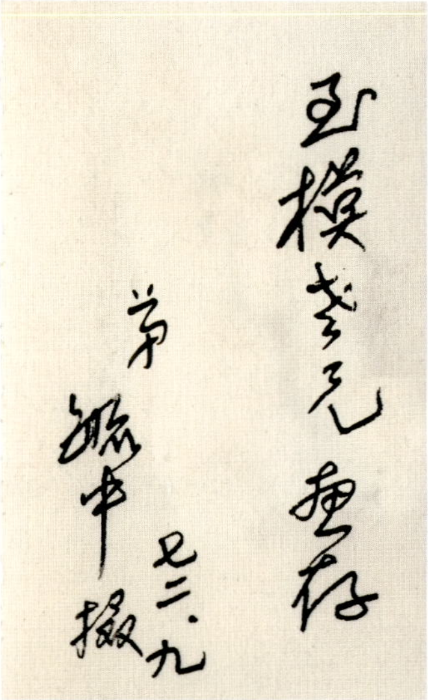

1932 年　39 岁

1 月，封至模参加秦钟社成立六周年纪念活动暨该社第一届学生毕业典礼。

秦钟社是 1926 年由著名须生刘立杰创办于三原的秦腔班社，刘毓中离开易俗社后亦到秦钟社协助其父管理班社。1932 年 1 月 11 日，秦钟社举行成立六周年纪念活动暨第一届戏剧专科学生毕业典礼，各报馆记者、各剧院代表来宾及全体职员学生百余人参加。封至模受邀讲演，他勉励学生们：“各生之毕业，系在学戏过程中告一段落，决不要由此而止，将来之成就，全看自己之努力与否。学戏固足以维持生活，但在维持生活以外，尚须存裨益社会之决心，对自己之人格，尤当慎重，毋稍自甘堕落。”这是他一贯以来对学生们的希冀与要求，是他教育思想的重要组成部分。刘氏父子，尤其刘毓中，与封至模相交颇深，同成长，共患难，深情厚谊一直持续了几十年。

2月、3月、11月，封至模参加易俗社集款慰劳第十九路军游艺大会、和众票社慰劳抗日将士游艺大会、陕西各界慰劳前敌将士游艺大会、和众票社救济东北灾民募捐游艺大会。

九一八事变后，百姓流离失所，将士奋勇抗敌，全国各地、各界积极声援前线军民，封至模施展所长，多次参与。2月26日，封至模参加易俗社集款慰劳第十九路军游艺大会，与陈雨农演出秦腔《慈云庵》；2月27日至28日，参加和众票社慰劳抗日将士游艺大会，与李游鹤、李逸僧演出京剧《浣花溪》，与李游鹤演出京剧《坐楼杀惜》，与杨望尼、李樾村演出京剧《断臂说书》（反串小生）；3月11日，参加陕西各界慰劳前敌将士游艺大会，与曹国华、逸园小主（李游鹤之子李鸿钧）演出京剧《汾河湾》；11月5日至6日，参加西安和众票社救济东北灾民募捐游艺大会，与李游鹤、蒋剑秋、李逸僧演出京剧《翠屏山》，与李逸僧、李喜元合演京剧《龙门寺》。

《慈云庵》剧照：封至模饰王娟娟

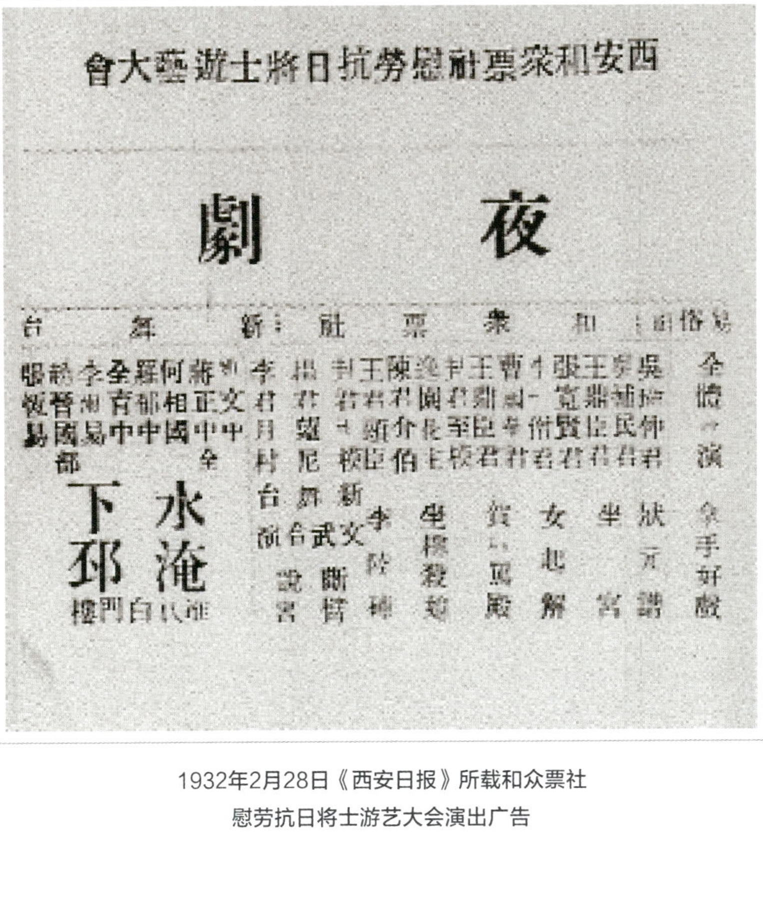

1932年2月28日《西安日报》所载和众票社慰劳抗日将士游艺大会演出广告

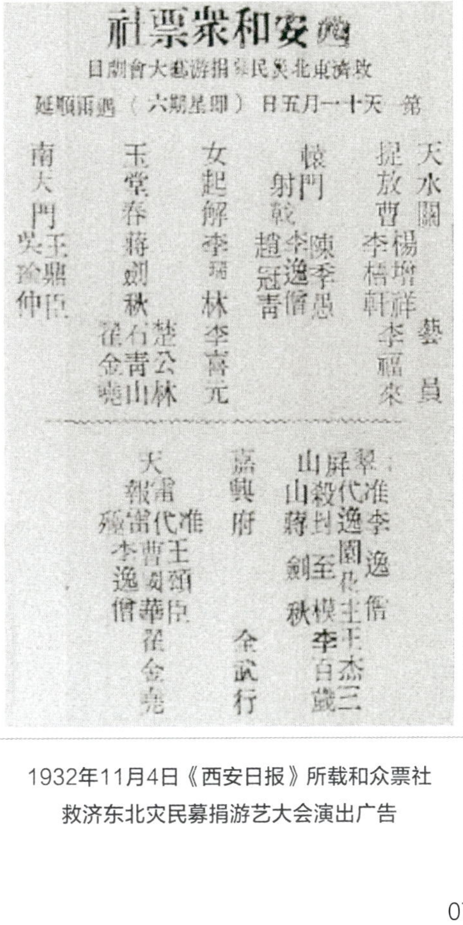

1932年11月4日《西安日报》所载和众票社救济东北灾民募捐游艺大会演出广告

封至模（右一）与庄正中（右二）、刘文中（左二）等合影

1932年6月14日《西安日报》所载《岳家庄》演出广告

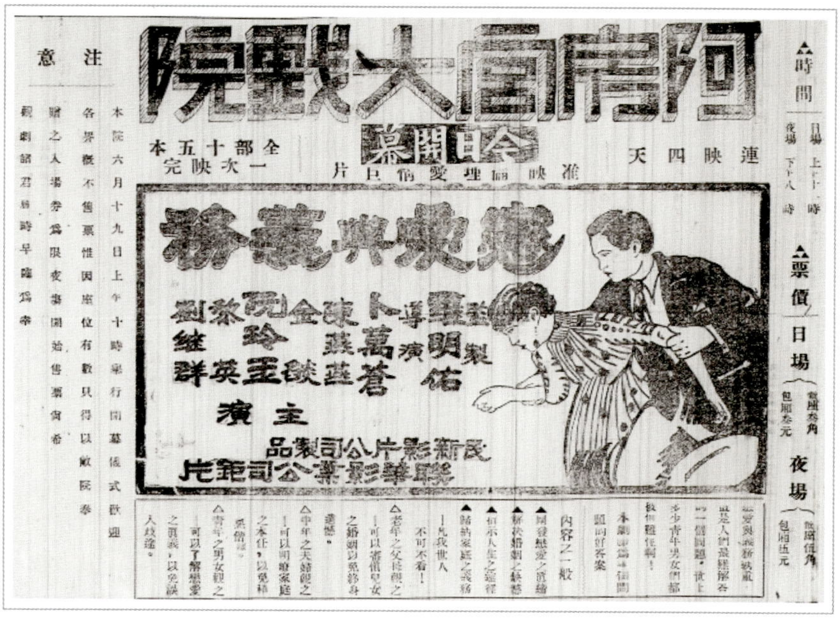

1932年6月19日《西北文化日报》所载阿房宫大戏院开映广告

6月14日，封至模为易俗社改编、排导的《岳家庄》上演。

在抗日救亡背景下，全国出现了一批托古喻今的历史剧目。“说岳”故事在当时很受青睐，封至模对这一题材亦有兴趣，有研究，遂为庄正中移植改编并执导《岳家庄》，通过小岳云立志上阵、不畏强敌故事鼓励从军、号召战斗。同为“说岳”题材，《岳家庄》可以视作他后来创作《山河破碎》《还我河山》的前奏与试炼。

6月19日，封至模参与筹建的阿房宫大戏院正式开幕放映。

20世纪20年代，西安已有电影放映。20世纪30年代初西安陆续有先声、秦光、民众、国民等电影院。1931年，由沪返陕的周伯勋利用其经验与资源，与封至模、武少文、马公弢、刘尚达等人开始合股筹办电影院，由周父赞助竹笆市私宅作为地址。数月间，筹备、建筑、购机、装置等环节屡被披露报端，封至模还为电影院设计了精致美观的说明书版式。1932年6月19日，阿房宫大戏院正式开幕，作为股东代表的封至模参加开业典礼并汇报筹备经过。阿房宫大戏院资本雄厚、建筑雄伟、设备先进、选片优良、环境舒适、秩序井然，一经开幕，广受好评，开启了西安电影的新纪元。今日，阿房宫大戏院由相声社团青曲社所用，仍然在发挥着它的作用。

1933年 40岁

10月，封至模主持的易俗社剧场整修工作完成并举行落成演出。

因易俗社建筑年久失修，在社长胡文卿的大力支持和配合下，封至模主持整修易俗社剧场并由此开展剧场改革。翻修重新开张后的易俗社，改楼座为二层，地基为漫坡，座位为靠椅，台下减小灯光，台上断绝闲人，文武场面概行隐蔽，池内先期售票对号入座，小贩叫卖一概杜绝，空气、光线极求舒适，极近现代剧场之形式，在西安首屈一指，不少同行受其影响亦对剧场加以改造，开一时之新风。10月1日至3日，易俗社举行了为期3天的盛大开幕演出，陈雨农、刘立杰、高天喜、郑香亭等秦腔老艺人与易俗社优秀学生上演了诸多佳作。

翻新后的易俗社剧场

12月，封至模为易俗社编剧的秦腔本戏《蝶哭花笑》上演。

封至模前期的戏曲创作，多为移植改编，《蝶哭花笑》是封至模进入易俗社后投排的第一部原创秦腔本戏。该剧共十五回，叙山东定陶女子燕绿波曲折波澜的爱情故事，结局不落“大团圆”俗套而让燕绿波从心所愿、自在离去。在封至模精心排演下，该剧以“格局美”“辞藻美”“歌唱美”“身段美”等十二“美”被推出，于12月23日试演后，又经修改，于1934年1月1日作为新年贺礼剧目正式被推出。借这部戏中燕绿波一角，歌喉婉转的王月华一时大红大紫，成为西安炙手可热的旦角演员。

《蝶哭花笑》剧照：王月华饰燕绿波

《蝶哭花笑》剧照：刘文中饰宫蕙心

《蝶哭花笑》剧照：王月华饰燕绿波，郭朝中饰周飞云，何相国饰燕伯华

《蝶哭花笑》剧照：黄执中饰秋水，刘文中饰宫蕙心，杨问俗饰春梅，庄正中饰周飞云

1934年　41岁

夏，封至模赴北平、天津、南京、上海等地考察戏剧。

回陕十年，封至模与各界好友仍常有往来。1934年年初，封至模为易俗社社务启程赴外考察。在北平期间，封至模住在早已成为老生名角的王文源家中，观摩了不少演出，并可能在此时加入国剧学会。在天津，他曾与三年前离开西安的票社老友纪书元见面并合影留念，在《益世报》发表文章介绍秦腔。在上海，他见了陕籍在沪的同好周伯勋、阎重楼等，还了解了电影的拍摄事宜。周伯勋是临潼人，与封至模合演话剧、共办影院，交谊很深。这次碰面促成了上海百代公司为秦腔录制唱片之事。在上海百代公司为易俗社录制唱片时，由封至模担任报幕员。李正敏赴沪录制唱片时，则由周伯勋担任报幕员。阎重楼是蓝田人，为西安话剧元老阎甘园第四子，是著名摄影家、诗人，京剧名票，扮相俊俏，生旦不挡。此次旅外，让封至模大开眼界，让他深切感受到陕西戏剧发展之不足，为他回陕后进一步开展秦腔改革工作提供了参考。

10月，封至模在《民意报》发表《陕西四年来之戏剧》一文。

与平、沪等地相比，陕西彼时从事戏曲历史与理论研究者寥寥。学养深厚、视野开阔的封至模是当时陕西少有的戏剧研究人才。他发表的《陕西四年来之戏剧》是他最为重要的理论成果之一。在此文中，封至模点明了陕西戏剧发展的矛盾，总结了陕西戏剧取得的进步，分班社重点介绍了陕西四年来秦腔的剧本、演员、剧场等情况，既为后人留下了大量的珍贵史料，也为后人提出了许多值得思考的问题。

封至模南京留影

封至模（右）与王文源（左）合影

封至模（左）与刘叔度（中）、纪书元（右）合影

《借东风》剧照：王文源饰诸葛亮

《虹霓关》剧照：阎重楼饰王伯党，夏佩贞饰东方氏

1935年上海百代公司为易俗社所录唱片（王天民、杨令俗合唱《蝴蝶杯》）

《得意郎君》剧照：王天民饰徐秋霞

1935年 42岁

6月，上海百代公司首次来陕为易俗社录制唱片，封至模参与组织工作并任片前报幕。

易俗社等陕西班社有扩大宣传秦腔的想法，外界亦有了解、欣赏秦腔这一古老剧种的需求，因此此前各方屡有动议，但终未能谈成。1934年经封至模在上海联系，上海百代公司派工程师在1935年6月初来陕，于阿房宫大戏院为易俗社录制唱片。封至模操一口流利国语，担任每张唱片的报幕工作。此次所录唱片有：陈雨农《断桥亭》，赵杰民《铁兽图》、《武家坡》（与雒秉华合灌），王天民《柜中缘》、《得意郎君》、《黛玉葬花》、《蝴蝶杯》（与杨令俗合灌），耿善民《淝水之战》、《燕山恨》、《四郎探母》（与高符中合灌），刘迪民《庚娘传》，王月华《二度梅》、《藏舟》（与杨令俗合灌）、《走雪山》（与雒秉华合灌）、《杨氏婢》（与黄执中合灌），杨令俗《关中书院》。此次共灌唱片12张，24面，参与各角俱有分红。7月，百代公司又派人来陕校正试放，回沪后正式发行。唱片问世后，在陕西顿成风靡，店铺大打广告、争相售卖，电台节目不时播放，一些戏曲社团亦紧随其后联系唱片灌制。通过这批唱片，我们得以一窥20世纪30年代西安戏曲盛况，领略那时名家的曼妙音声。

12月，封至模为易俗社改编、排导的《箭头鸳鸯》上演。

该剧取材自刘金定招亲高君保的故事，是一出风趣、诙谐的文武开打、唱做并重剧目，由刘文中、郭朝中首演，新中国成立后曾由封至模为孙莉群、陈妙华复排。

《燕山恨》剧照：耿善民饰崇祯帝

《藏舟》剧照：杨令俗饰田玉川，王月华饰胡凤莲

《走雪山》剧照：王月华饰曹玉莲，雒秉华饰曹福

《箭头鸳鸯》剧照：刘文中饰刘金定

1936年　43岁

1月，封至模发表的《西安戏剧检讨》一文引发争议。

改革从来不会一帆风顺，以偌大勇气向沉疴积弊发起挑战的封至模，在当时受到了许多非议。在《西安戏剧检讨》发表后，报端随即出现了署名“商山野道”的“檄文”，“商山野道”自任“伶界征妖兵马大元帅”，直呼封至模为“妖”，认为封至模“戕贼梨园”“摧残伶界”，号召人们与封至模斗争，其文得到了署名“郭虎”“孟明”等作者的响应。虽然我们并未曾见到《西安戏剧检讨》原文，但通过公羽为封至模辩白之文章，可以看出封至模的一些观点。在封至模看来，西安观众为捧角而观剧，这并不利于秦腔发展。应该说，封至模的观点是对的，只不过表达有些尖锐，引起了一些顽固保守势力的反对。孰对孰错，历史终会证明。

3月，封至模为易俗社编剧的《山河破碎》上演。

九一八事变后，剧作家顺应时代所需创作戏剧，以戏报国。封至模再度关注宋代历史，翻阅史籍，长时构思，著成以韩世忠、岳飞为主角的前后本《山河破碎》《还我河山》。剧本写出后，由陈雨农为学生排导，封至模亦在旁监导。历经数月，主叙韩世忠、梁红玉事迹的前本终于由王天民、康顿易、黄执中、杨令俗、刘清华等人上演。报界有评：“在目前国难如此严重期间，这种历史上的往事，对于我们是极好的教训。它告诉我们：‘只有上下团结一心，起而抗战，才能救亡，其他一切都是假的。’”《山河破碎》与次年上演的《还我河山》一道，在烽火年代奏响了秦腔的时代强音。

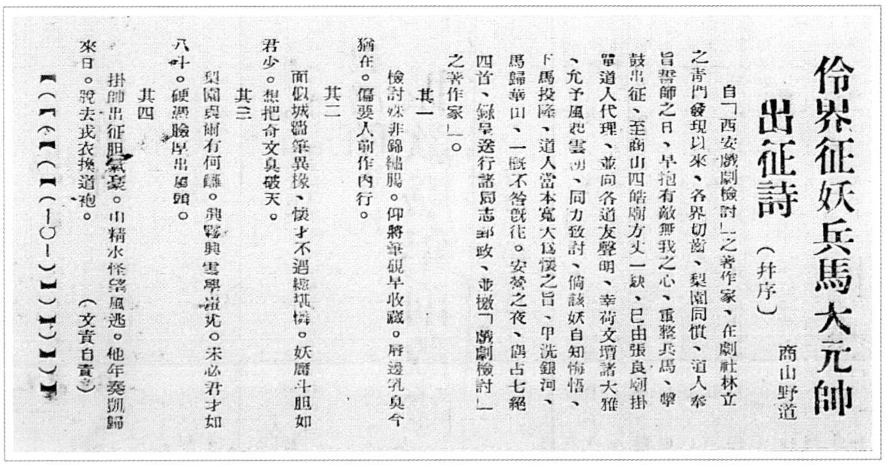
伶界征妖兵馬大元帥出征詩（幷序）

商山野道

自「西安戲劇檢討」之著作家，在劇社林立之壽門發現以來，各界切齒，梨園同憤，道人奉旨督師之日，早抱有敵無我之心，重整兵馬，擊鼓出征，至商山四皓廟方丈一缺，已由張良廟掛單道人代理，並向各道友聲明，幸荷文壇諸大雅，允予風起雲湧，同力致討，倘該妖自知悔悟，下馬投降，道人當本寬大爲懷之旨，甲洗銀河，馬歸華山，一概不咎既往。安營之夜，偶占七絕四首，録呈送行諸同志郢政，並檄「戲劇檢討」之著作家」。

其一

檢討殊非錦繡腸。仰將筆硯早收藏。唇邊乳臭今猶在。偏要人前作內行。

其二

面似城牆筆異椽，愧才不過總堪憐。妖魔斗胆如君少。想把奇文臭破天。

其三

梨園與爾有何讎。飛霧興雲學蚩尤。未必君才如八斗。硬憑臉厚出風頭。

其四

掛帥出征膽氣豪。山精水怪儘風逃。他年奏凱歸來日。脫去戎衣換道袍。

（文責自負）

1936年1月24日《西北文化日报》所载“商山野道”文章

1936年3月28日《新秦日报》所载《山河破碎》演出广告

《山河破碎》剧照：康顿易饰韩世忠

《山河破碎》剧照：王月华饰梁红玉

《山河破碎》剧照：王月华饰梁红玉

《山河破碎》剧照：黄执中饰李师师

6月，上海百代公司再次来陕为易俗社录制唱片，封至模参与组织工作并任片前报幕员。

继去年上海百代公司来陕录制唱片后，1936年上海百代公司再度来陕，于花园饭店为易俗社演员灌制唱片。此次所录唱片有：陈雨农《珍珠衫》、《走雪山》，赵杰民《三娘教子》、《铁兽图》（重录），王天民《宫锦袍》、《山河破碎》、《杨贵妃》、《黛玉葬花》（重录），刘迪民《韩宝英》，高符中《汾河湾》，雒秉华《辕门斩子》，米钟华《春秋笔》，王月华《三回头》、《烛影斧声》、《蝶哭花笑》、《翰墨缘》，马平民《玉虎坠》（与贾明易合灌）。本次灌制总量与第一次相同，同样是12张，24面，对第一次录制不成功的唱段进行了重录。

陝西易俗社
有二十五年之歷史。
有三百餘種之著作。
（午）
大登殿　入件衣　蜂蜜計　出五關　黃金臺　雙搖會
王天民　張鎮中　劉文中
（晚）
王天民　劉文中
封至模先生最新編著偉大悲壯宋史佳劇
全本 還我河山
是中華民族爭圖存的興奮劑
（即山河破碎後本）

1937年4月3日《新秦日报》所载《还我河山》演出广告

1937年 44岁

4月，封至模为易俗社编剧的《还我河山》上演。

《山河破碎》上演后，因其主题适合时代需要，内容伟大悲壮，为观者所推赞。《还我河山》以岳飞报国为主题，借宋代历史警醒黎庶。该剧原定于4月3日首演，后推至4月7日演出，由王天民、刘文中、雒秉华、耿善民、康顿易、王秉中等人联袂演出，场面宏大，装扮精美。因契合时代脉搏，《还我河山》与前本《山河破碎》都是当时易俗社演出最为频繁的剧目。

《还我河山》剧照：郭朝中饰岳飞

《还我河山》剧照：康顿易饰岳飞

《还我河山》剧照：雒秉华饰岳飞

《还我河山》剧照：耿善民饰岳飞

《蝴蝶杯》剧照：黄执中饰卢凤英，杨令俗饰田玉川

《慈云庵》剧照：刘文中饰王娟娟

5月，封至模参加易俗社第九期（第九班）学生毕业仪式。

在1931年封至模进入易俗社时，第九期学生进社时间不久，因此这班学生受封至模教益最多。刘文中、宋上华、王藹民、杨令俗、孙省国、刘建中、袁乃中、郭朝中、雒秉华、雒荫华、田彦华、徐抚民、王永易等二十余人经过数年学习，最终得以毕业。因第九期学生中名角较多，这个班也被称为"明星班"。如庄正中、刘文中、雒秉华等曾红极一时。宋上华、杨令俗、王藹民、徐抚民、郭朝中等终身效力易俗社，也是秦腔界赫赫有名的风云人物。

陕西易俗社第九班学生戏剧科毕业纪念合影（前排右五为封至模）

5月至7月，封至模与耿古澄率队赴北平慰劳演出。

1937年的北平，汇集了一大批曾在陕西任职的政界要员，因他们喜用秦腔慰军，为稳定人心，安抚士气，宋哲元委托刘治洲、孙隆吉等电约易俗社赴北平演出。封至模于5月先赴北平接洽，大部队于6月5日从西安出发，9日晚到达北平。初到北平，封至模为使社会人士明了秦腔在中国戏剧界之地位与易俗社之组织情形，在中山公园来今雨轩组织召开了新闻记者招待会。6月13日起，易俗社开始在怀仁堂每日两场连演三天，演毕即赴南苑、西苑、黄寺等处演劳军戏，一度被驻军要求加演。劳军戏毕，易俗社慰问警界，每天两场，演出四天。7月3日开始，易俗社先在长安戏院演夜戏三天。7月6日、7日，易俗社在华乐戏院演夜戏、昼戏各一场。7月8日、9日，易俗社本定在新新大戏院演出两场夜戏，未料战事发生，游艺场所夜场一律停演。按计划，易俗社本应于7月10日赴天津演出，亦未出发。俟平汉各路交通次第恢复常态后，易俗社遂于7月26日启程返陕，28日抵达西安。

易俗社此次赴北平演出剧目，一方面观众希望追求刺激，用可以表现救亡图存的戏剧来警醒、激励处于抗战前沿的北平军民，如《韩世忠》剧目在怀仁堂演出时大受欢迎，“观众极多，足无隙地，无票遭拒于门外者，大有人在，其受观众欢迎之情绪，诚为仅见”；另一方面大家希望观摩技术，希望易俗社用可以代表传统剧目特点的戏剧表演来为北平戏剧界起到镜鉴作用，如《牧羊卷》《玉虎扇坠》等剧的观摩效果定比《武王革命史》剧的观摩效果要好。演出期间，齐如山、翁偶虹、刘燕诒、段鸿轩、汪侠公、景孤血等北平戏剧界名士曾前往现场观摩。齐如山还曾请李世芳、毛世来及富连成全体欣赏易俗社演出。演出间隙，封至模携易俗社成员前往国剧学会及国剧陈列馆、富连成社、中国高级戏曲职业学校（中华戏曲专科学校）访问，与齐如山、傅惜华、汪侠公、吴幻荪、叶龙章、金仲荪、翁偶虹等进行座谈。在平等、友好的交流中，秦腔界成员与京剧界成员互相学习，取长补短，同声相应，同仇敌忾，谱就了一曲同学共进、同研共建之歌。

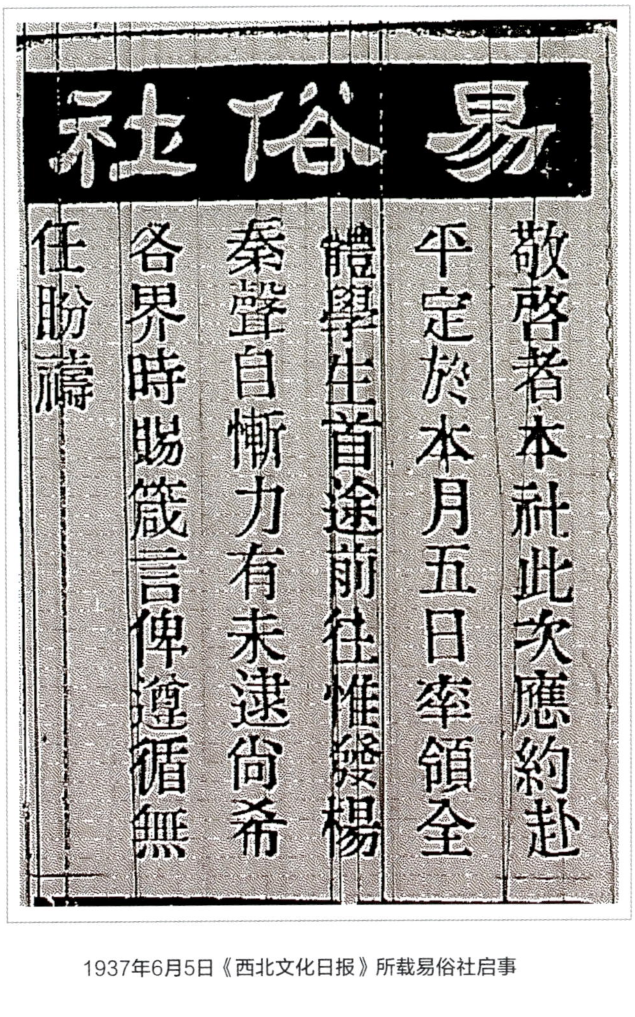
易俗社

敬啓者本社此次應約赴平定於本月五日率領全體學生首途前往惟發揚秦聲自慚力有未逮尚希各界時賜箴言俾遵循無任盼禱

1937年6月5日《西北文化日报》所载易俗社启事

《山河破碎》剧照：雒秉华饰李纲

《山河破碎》剧照：李可易饰金兀术

《还我河山》剧照：耿善民饰岳飞

《山河破碎》剧照：王天民饰梁红玉

《还我河山》剧照：王天民饰岳夫人

《还我河山》剧照：王秉中饰韩世忠

《还我河山》剧照：杨令俗饰韩彦直

《还我河山》剧照：刘文中饰梁红玉

封至模与易俗社同仁合影（二排左二为封至模、右二为刘毓中）

8月，封至模与易俗社学生爆发冲突，后被迫离开易俗社。

民国时期的易俗社与秦腔及其他剧种的班社体制均有很大差异，作为演出承担者的学生以及易俗社的名演员，常常因为经济问题与社方管理人员互生嫌隙。在北平期间，学生们就对封至模有所不满。自北平返回后，易俗社参加为杨虎城之母所办堂会，杨太夫人赏洋五十元，易俗社学生王秉中领到后给其他演员直接进行分配，社方以为此类举动如不警戒，将来无法统计收入，遂计划破坏学生组织，并拿获首犯示威。面对社方威胁，学生亦正面提出驱逐封至模，后来还进一步提出解除社长胡文卿的职务等要求。掌握着演出主动权的学生具有事实上的优势，在当局举行抗日募捐公演时，学生们继续通过演剧展现“辅助社会教育，启迪民智，移风易俗”的易俗社宗旨。最契合彼时时代风气的《山河破碎》《还我河山》仍然是冲突爆发以来易俗社演剧中最常出现的剧目。

封至模在易俗社的几年，是易俗社在民国时期发展最鼎盛的时期。在这些年中，易俗社为封至模提供了施展艺术才华、改良秦腔艺术的舞台，封至模也为易俗社在剧目建设、人才培养、表演风格、舞台舞美、宣传影响、多种经营等方面取得了空前的成绩。剧目建设方面，除了自身创作之外，封至模在易俗社实行新编剧、移植剧和传统剧三并举，尤其加大了传统戏的演出比例，扭转了原来易俗社以演新编剧为主的局面，无疑为保留更多秦腔传统优秀剧目做出了贡献，无形中也为易俗社适应观众方面做出了调整，这是符合历史规律的。人才培养方面，除了前文提到的易俗社第九期学生外，第一期学生刘毓中、马平民，第二期学生刘迪民，他们和封至模的关系是亦师亦友。封至模为他们的艺术指点了方向。第五期学生王秉中，第六期学生耿善民、李可易、张俊民，第七期学生王天民、康顿易、高符中、王文华，第八期学生刘清华，第十期学生王月华、萧润华等，均受到过他的具体教诲。乃至同时期其他剧社学生，亦以师礼待封至模。表演风格方面，封至模以京剧票友的身份，在秦腔演出中借鉴京剧表演，进一步形成了易俗社清新雅致的舞台特色，尽力规避秦腔之短。舞台舞美方面，在改造、整修易俗社剧场的同时，从排导《水淹下邳》开始，封至模就对秦腔化装、服装进行了改良，使易俗社舞台焕然一新。宣传影响方面，封至模一是联系上海百代公司为易俗社录制唱片，为秦腔留下了珍贵的录音资料；二是坚持将剧团演员带出去增长见识，尤其1937年的北平之行，进一步扩大了易俗社与秦腔的影响。多种经营方面，他在易俗社坚持开办露天剧场，用来扩大演出市场，增加出租盈利，利用开办电影院、商场等多种商业模式，取得了良好的收益。

封至模与易俗社同仁合影（中排右三为封至模，中排右二为耿善民、右一为康顿易，后排左一为刘文中、右二为王天民）

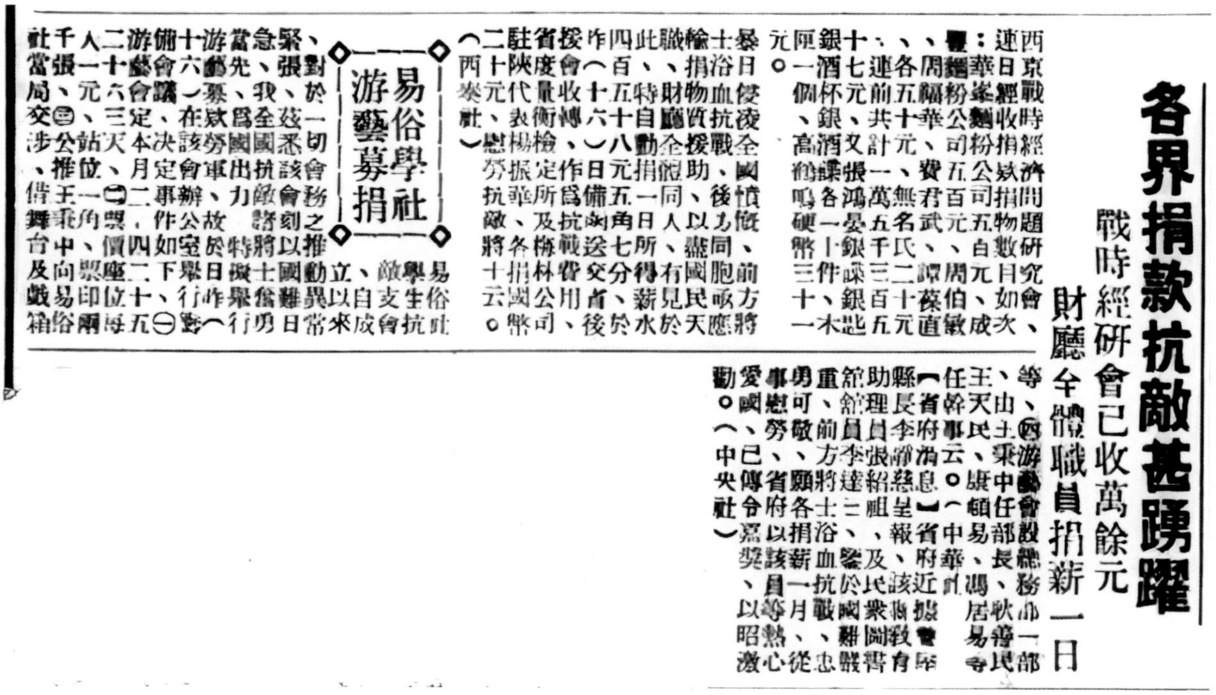

各界捐款抗敵甚踴躍

戰時經研會已收萬餘元

財廳全體職員捐薪一日

易俗學社游藝募捐

1937年9月17日《西京日报》所载易俗(学)社游艺募捐报道

1937年9月26日、27日《西京日报》所载易俗社演出广告

第三篇

春风化雨，光被艺坛

（1938—1948）

从夏声剧校、巡回歌咏戏剧队戏剧专修班、上林剧院到晓钟剧校，以封至模先生为主导的戏剧教育机构以艺为核、以人为本，广开教门，因材施教，培养了众多优异人才。

封至模（左）与唐得源（中）、康少韩（右）合影

康少韩赠韩绾青签名剧照

1938 年　45 岁

4 月，封至模筹办夏声剧社、夏声剧校、夏声剧院。

国难危急下，不少剧界人士避难西来。相对安定且经济较繁、文化较盛的西安一时剧种荟萃、名家云集。郭建英、刘仲秋，系梅兰芳、余叔岩所创国剧传习所培养出的高材生，亦于此时来到陕西，与封至模共事于正声剧社。正声剧社解散后，封至模等见西安难民儿童不断增加，触目伤怀，遂筹划成立难童学校，以戏剧拯救难民。4 月 25 日，众人在封至模家召开第一次筹备会，与会者有韩绾青、马公弢、康少韩、阎秉初、南幼雪、刘仲秋、郭建英、任桂林等，计划组织剧社、创立学校、设立剧院，定封至模任首任校长。同仁因以“振兴民族艺术，传扬华夏之声”为宗旨，遂把行将成立之系列机构命名“夏声”。

经过加班加点的筹备，6 月 16 日夏声剧校第一次招生，23 日学生入校，26 日开学，29 日正式上课，于 7 月 13 日，在炭市街世界舞台召开夏声剧校成立纪念游艺大会。学校就绪，跟着又组织设立剧院，封至模被任命为副院长。历经租院址、修内部、聘角色、用工人、订合同、画图案、写聘书、训练服务等环节，封至模费尽辛苦，夏声剧院终于 8 月 29 日开幕。这座“西安唯一科学化、美术化的新型剧场”，汇集了老生刘仲秋、孙盛辅，旦角郭建英、关丽卿，小生任桂林，武生葛燕亭、陈春波、李德春等演员，其中许多出身于北平京朝派，台风严谨、表演细腻，具有很强的实力。众人齐心协力，厉兵秣马，于成立后不久的 10 月 8 日，推出由封至模新编的应节戏《唐明皇游月宫》，阵容强大，风头强盛。

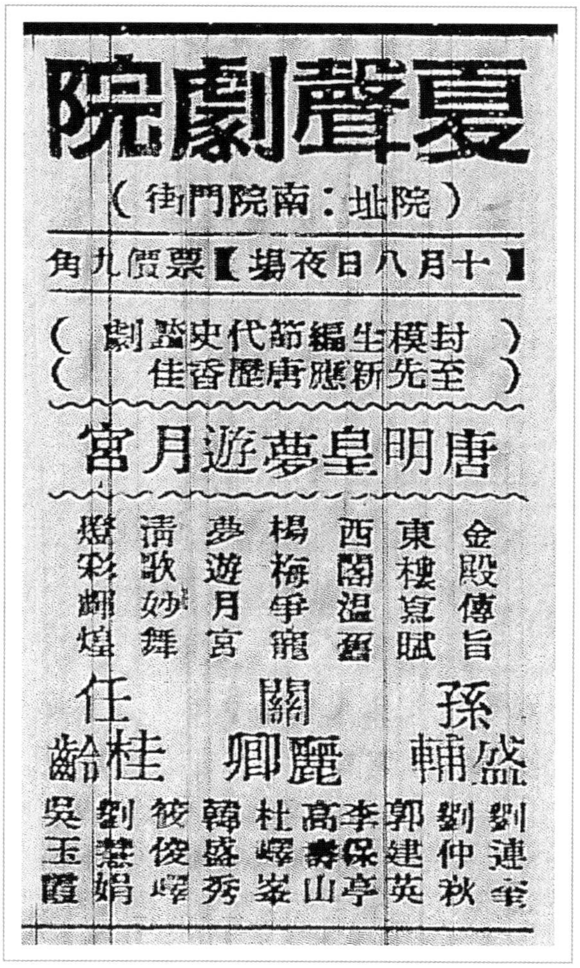

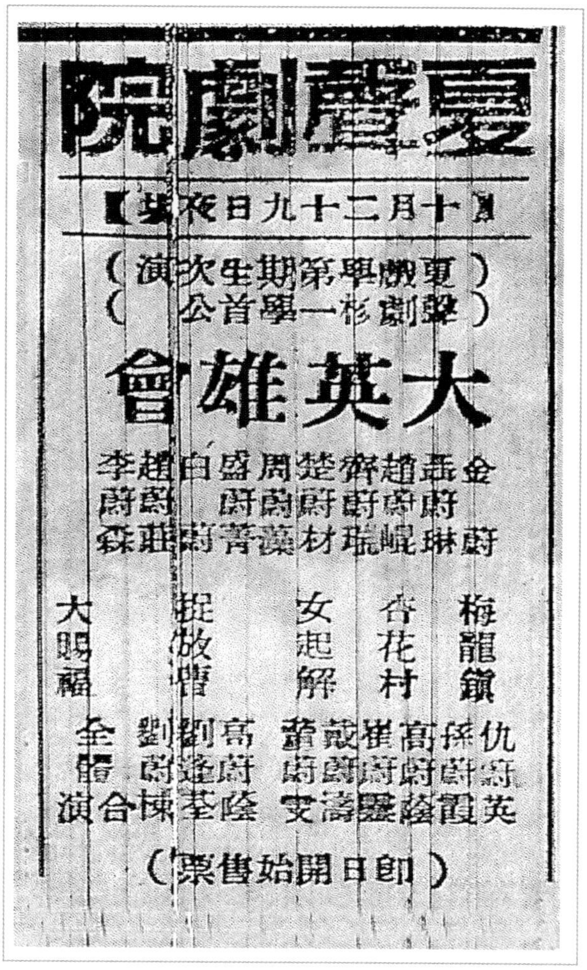

1938年10月《西北文化日报》所载夏声剧院演出广告

夏声剧院开幕后，封至模筹划学生首次实习公演，9月24日起开始响排，10月28日彩排，29日开始正式演出，首次上演剧目有《大赐福》《新杏花村》《女起解》《捉放曹》《梅龙镇》《英雄会》，同样剧目连演三天。因公演好评不断，自行报名投考或托人介绍欲加入剧校者甚多。孙蔚琪、孙蔚理、卫蔚桓、谢蔚霈等人就是这个时期加入的。夏声学生取名，中间字统一为“蔚”，第三字按所学行当，取不同部首。如文生取“草”字头，有周蔚藻、仇蔚英、盛蔚菁、刘蔚荃、高蔚荫等；武生取“王”字旁，有靳蔚琳、辛蔚璞、齐蔚瑞、赵蔚琨等；旦角取“雨”字头，有孙蔚霞、董蔚雯、崔蔚零、谢蔚霈等；净角取“木”字旁，有楚蔚材、刘蔚栋等；丑角取“三点水”旁，有戴蔚涛等。后来的京剧女老生名家王则昭也曾一度来夏声剧校旁听。这些学生大多由外省落难至陕，得以在夏声剧校解决温饱，并获得一份职业，实属不易，所以大多学习努力，勤勉上进，不少人后来长期致力于京剧事业。

夏声剧校正准备二次公演时，因日寇飞机不时轰炸，潼关、河防吃紧，人心惶惶，是去是留，众人意见不同。但经过一段时间考虑，夏声剧校最终决定赴汉中，刘仲秋、郭建英先头起行，任桂林、于君唐于12月2日率领学生随后前往，封至模留守西安善后，清偿外债。由1938年12月2日离开西安至1939年12月24日返回西安，夏声剧校除封至模外，其他人员在汉中停留一年多，学生生活穷困，学业当然也受影响，有两名学生还不幸离世，这都是日本侵略者所造成的社会悲剧与艺术惨事。

《黄鹤楼》剧照：聂蔚璘饰周瑜

《李家店》剧照：赵蔚琨饰计全

《小放牛》剧照：崔蔚零饰村姑，高蔚荫饰牧童（从左往右）

旅行途中的夏声剧校车马

夏声剧校学生留影

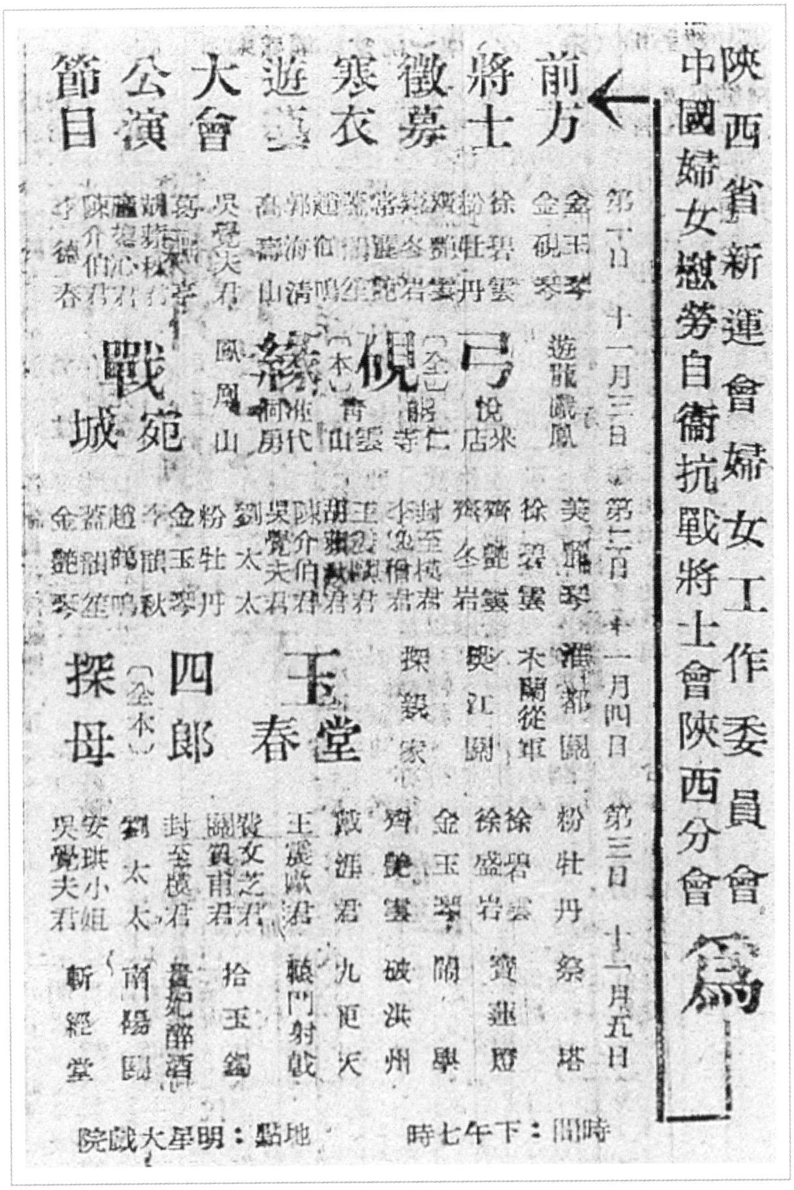

1939年11月3日《西北文化日报》所载陕西省新运会妇女工作委员会、中国妇女慰劳自卫抗战将士会陕西分会为前方将士征募寒衣游艺大会演出广告

1939年 46岁

7月，封至模改任夏声剧社主任委员兼编辑部长。

夏声剧校计划回到西安，7月开社员大会，改选康少韩为校长，封至模卸任夏声剧校校长，改任夏声剧社主任委员、编辑部长。夏声剧校创立数年间，新编之戏不多，经排练公演者更少。在封至模看来，戏剧学生“初学有三忌：一新编戏，二大本戏，三时装戏”。夏声剧校教导学生，均由经过整理加工的传统戏开蒙，如封至模曾教《梅龙镇》，刘仲秋曾教《捉放曹》，郭建英曾教《小放牛》，任桂林曾教《黄鹤楼》，韩盛岫曾教《群英会》，黄宝炎拉胡琴给学生们调嗓。用传统戏为学生打下扎实基础，其思路与做法是符合戏剧艺术教育规律并是值得肯定、继承的。

夏末秋初，封至模为延安旧剧研究班购置戏箱提供帮助。

20世纪30年代末的延安，吸引了全国各地大量的知识分子、热血青年前来。不少人来自平、沪等大城市，对京剧素来热爱，他们于1939年春夏之交，在延安成立了一个由阿甲负责的旧剧研究班。在夏声剧校迁徙途中离队的任桂林，辗转来到延安，亦在此旧剧研究班中。旧剧研究班在延安曾演出《红鸾禧》等传统戏，由于没有戏箱，缺乏装备，只能穿着现代服装演出。当阿甲、任桂林来西安采办时，封至模花了一个多月的时间给予帮助，还捐赠给他们一些戏曲方面的书籍。从1940年元旦起，延安的戏曲爱好者才真正开始了古装京剧的演出，这为他们此后排演《逼上梁山》《三打祝家庄》等剧积累了实践经验。

陝西省各界救濟平津水災募捐游藝大會

全市劇人聯合演出 ◇ 西北戲劇協會主催

陝西省各界救濟平津水災募捐游藝大會

全市劇人聯合演出 ◇ 西北戲劇協會主催

十一月十七日 平劇公演節目

時間：下午六時

地址：易俗社

陝西省各界救濟平津水災募捐游藝大會

全市劇人聯合演出 ◇ 西北戲劇協會主催

十一月十八日 平劇公演節目

時間：下午六時

地址：易俗社

1939年11月《西北文化日报》所载陕西省各界救济平津水灾募捐游艺大会演出广告

11 月，封至模参加为前方将士征募寒衣游艺大会及陕西省各界救济平津水灾募捐游艺大会。

11 月初，陕西省新运会妇女工作委员会、中国妇女慰劳自卫抗战将士会陕西分会为前方将士征募寒衣举办游艺大会，封至模于 4 日与李逸僧演出京剧《探亲家》，5 日演出京剧《贵妃醉酒》；中旬，陕西省各界为救济平津水灾举办募捐游艺大会，封至模于 16 日与徐盛岩演出京剧《汾河湾》，17 日与梁生、赵子英、葛燕亭演出京剧《穆柯寨》，18 日与关质甫、王光宇、吴觉夫演出京剧《坐楼杀惜》《大招贤镇》。

西京市
新聞界時事討論會
週年紀念大會遊藝節目
粉牡丹 蘇姑獻壽
徐碧雲 水淹下邳
常香玉 重台
劉仲秋君 封至模君 烏龍院
時間：今日下午六時
地點：易俗社

1940年1月15日《西北文化日报》所载西京市新闻界时事讨论会周年纪念大会游艺演出广告

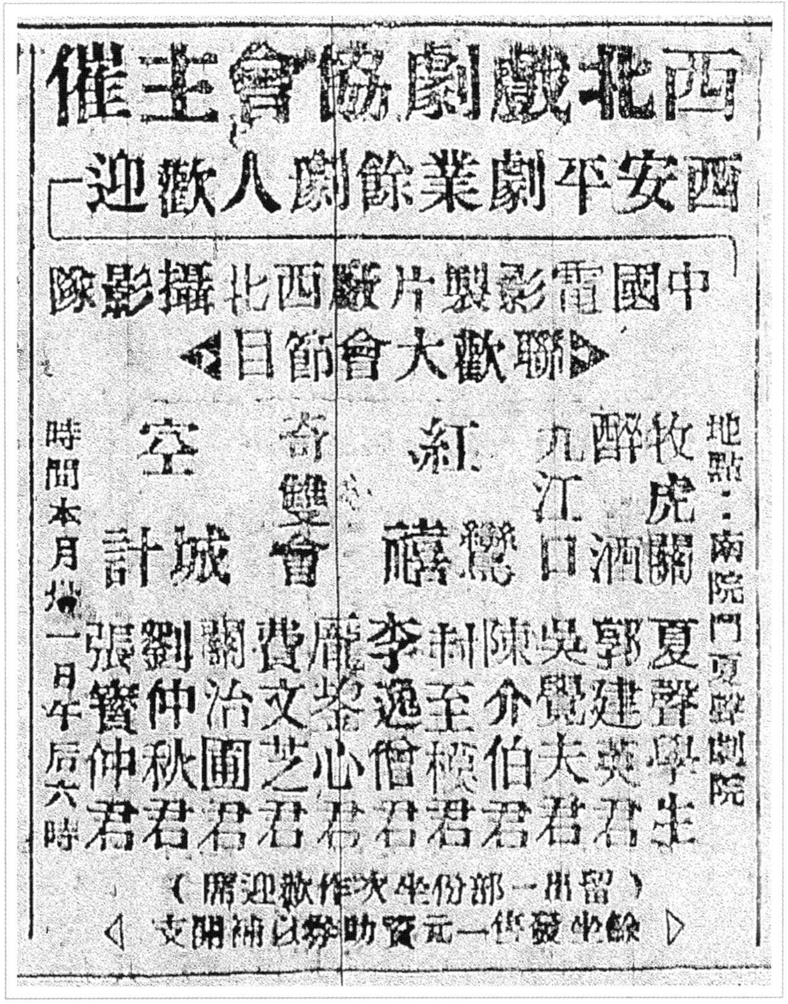
西北戲劇協會主催
西安平劇業餘劇人歡迎
中國電影製片廠西北攝影隊
聯歡大會節目
地點：南院門夏聲劇院
牧虎關 醉酒 九江口 紅鸞禧 奇雙會 空城計
時間本月卅一日下午六時

1940年1月31日《西北文化日报》所载西北戏剧协会主办西安平剧业余剧人欢迎中国电影制片厂西北摄影队联欢大会演出广告

1940 年　47 岁

1 月，9 月至 10 月，封至模参加西京市新闻界时事讨论会、西北戏剧协会、西安业余剧人所办游艺演出。

1 月 15 日，西京市新闻界时事讨论会举办周年纪念大会游艺演出，封至模与刘仲秋演出京剧《乌龙院》；1 月 31 日，西北戏剧协会主办西安平剧业余剧人欢迎中国电影制片厂西北摄影队联欢大会，封至模与陈介伯、李逸僧演出京剧《红鸾禧》；9 月至 10 月，西安业余剧人为献机举办公演，封至模于 9 月 29 日与李逸僧、费文芷、徐仲虎、刘仲秋、刘奎童演出京剧《龙凤呈祥》（饰周瑜），于 10 月 1 日与陈介伯、吴觉夫、刘奎童演出京剧《战宛城》（饰邹氏）。

10 月，封至模受王捷三之邀，创立陕西省巡回歌咏戏剧队。

日寇侵略，全民抗战，“维持社教，纠正人心”是戏剧业的紧要任务。封至模 20 世纪 20 年代初在北京求学时，王捷三亦于北京大学读书，二人彼时即已熟络。1937 年后，王捷三回到陕西，任教于西北联大，后任教育厅厅长。为宣传抗日建国，唤起民众，支援抗战工作，争取最后胜利，当局遂决议成立陕西省巡回歌咏戏剧队，设址于南院门陕西省图书馆，请封至模任队长，刘育斋任分队长，李次玉任导演，招收演员表演话剧，曾排出陈白尘之《魔窟》。但推行话剧，全赖布景，设备方面颇费周折。又因陕西地处西北，文化落后，巡回歌咏戏剧队巡回各地，不受欢迎，不得不思考如何转变。

《烙碗计》剧照：吕欣韵饰刘子明，王萍生饰定生

1941年　48岁

4月，封至模成立陕西省巡回歌咏戏剧队戏剧专修班，另招学生，教导秦腔，于下半年举行公演。

鉴于巡回歌咏戏剧队"现居秦地，多系秦人，操秦言而通秦俗"且"秦俗强悍，乐于战斗"，"正适合今日之时代"，封至模等遂因民之所好而利用之，就民之所趋而善导之，改弦更张，成立戏剧专修班，另排秦腔，设址于莲花池街中山中学后边。封至模任队长兼班主任，范紫东任编辑组长，施葆璋任剧务组长，张秦伯、曹似仁、李瑞阳先后任教务组长，赵柱国、曹家福、杨正福、安鸿印、胡天章等为专任教练，曹秉均、李怀坤、唐虎臣、刘毓中等为兼任教练。招收之学生计有刘茂森、胡文藻(胡昌锦)、栗怀荫、栗成荫、傅之荏、成怀学、王景慕、袁毓璋、辛性安、王成士、路逢昶、强东海、潘永昌、张桂林等，他们经过锻炼基本动作，学习技艺及普通学科，渐成气候。

经过5个月的训练，戏剧专修班于10月举行学生首次实习公演，演出《黄鹤楼》《打金枝》《芦花荡》《烙碗计》《慈云庵》《光华山》等经过校正、改良的剧目，封至模亲自为学生导演《打金枝》《慈云庵》。同样戏目，一直连演5日，获得颇多祝贺。不久后，戏剧专修班又举行学生二次实习公演，演出《搜杯》《牧羊卷》《陈琳拷寇》《春秋配》《哭祖庙》《珍珠衫》等剧目，封至模亲自导演《珍珠衫》。戏剧专修班所演剧目，差不多出出都有改动，都曾费过一番心思。尽管绝对拥护旧戏的人仍大有意见，但封至模坚定信念、坚持革新，在他看来："艺术是随着时代进步的，绝不能死守固有封界，保持自然原型，否则必被天演淘汰，归之消灭。戏剧是国家教育之利器，不能任其自生自灭，腐化到底，是要整顿、改良、扩展……"这种决心和勇气，是值得让人钦佩的。

《打金枝》剧照：傅之荏饰升平公主

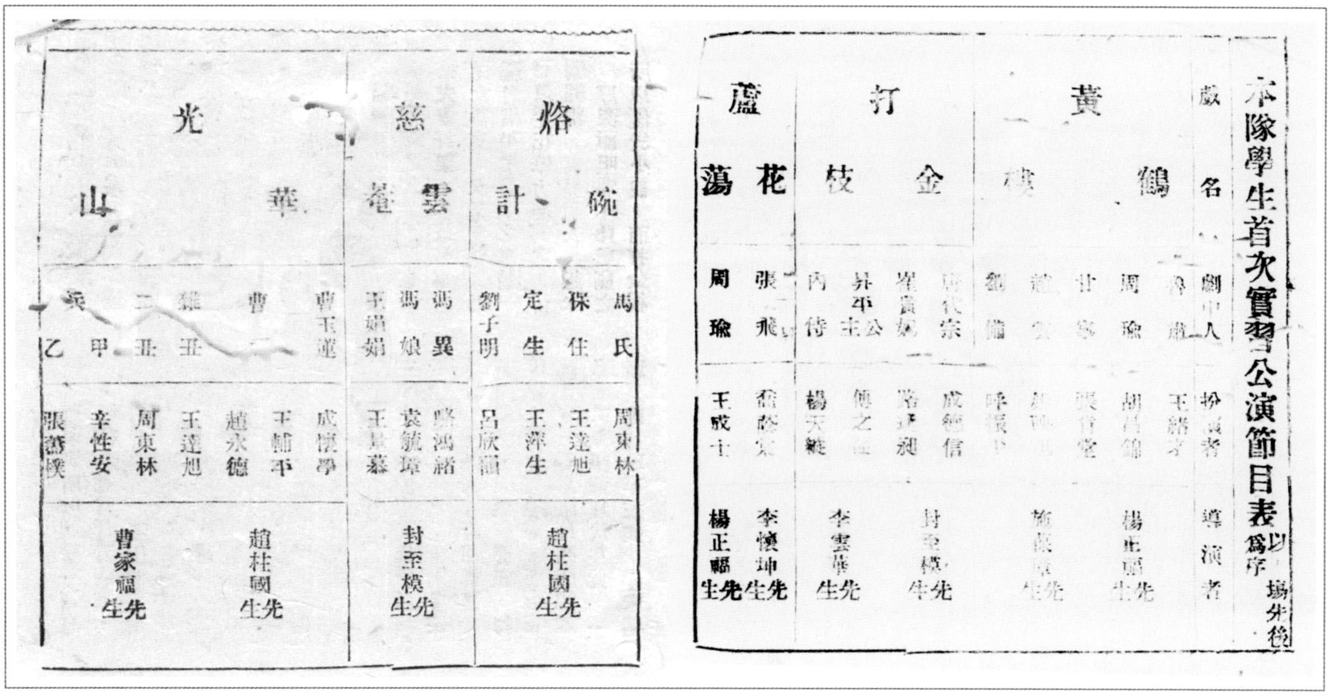

戏剧专修班学生首次实习公演节目表

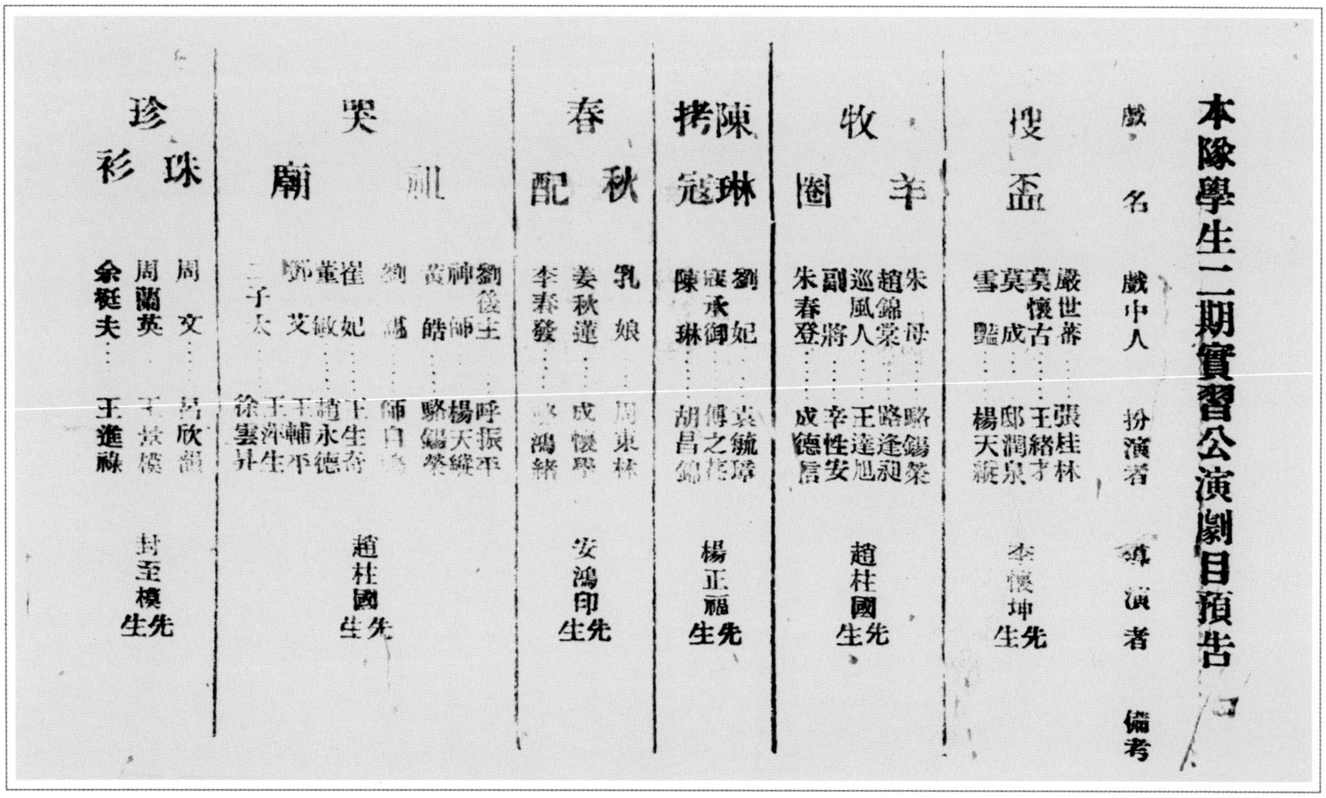

戏剧专修班学生二期实习公演剧目预告

《牧羊卷》剧照：路逢昶饰赵锦棠，成德信饰朱春登

《陈琳拷寇》剧照：胡昌锦饰陈琳

《珍珠衫》剧照：王景慕饰周兰英，王进禄饰余宽

《马前泼水》剧照：吕欣韵饰朱买臣，傅之荏饰崔氏

《夏声》创刊号封面

4 月开始，封至模在《夏声》刊物上发表数篇文章。

鉴于戏园这一伟大教育场所的“教义”堪忧，为整理、改良、发扬戏剧并宣传文化、教育民众、抵抗强盗，封至模与夏声同仁共同创立了《夏声》刊物，将他们的一切“报导给大家”，希望社会人士指导和扶助。《夏声》在 2、3 月间动议，4 月 1 日首期刊印，由康少韩主编、封至模发行。封至模于其上发表了《大过桥与二凤》，后还于第 2 期发表了《驸马套与套翅》，于第 3 期“夏声剧校三周年纪念专号”发表了《三年的夏声剧社》，于第 4 期发表了《茶衣与丑衣》。其中，除《三年的夏声剧社》报告夏声前后始末外，其余几篇均介绍戏曲装扮，文章短小精悍，旁征博引，所论皆为要点，具有很强的实用性。

《二进宫》剧照：栗怀荫饰杨波，袁毓璋饰李艳妃，辛性安饰徐彦昭

《奇双会》剧照：王景慕饰李桂枝

1942 年　49 岁

1 月至 12 月，封至模负责的戏剧专修班前后实习公演 8 次。

为发挥戏剧社会教育的功能，支持抗战建国，加强心理建设，让忠、孝、仁、爱、信、义、和、平的“八德”深入人心，发扬固有之民族精神，封至模等在戏剧专修班持续排演了大批经过修整后的剧目。除去岁已公演的剧目外，1942 年新排剧目有《二度梅》《周仁回府》《战马超》《二进宫》《回荆州》《辕门斩子》《奇双会》《春秋笔》《血手印》《永寿庵》《武当山》《暗赠金》《乾坤带》《日月图》《赠锦袍》《赤壁鏖兵》《芦花河》《合凤裙》《折桂斧》《黑叮本》《蝴蝶珮》《玉虎坠》《双背鞭》《棒打无情郎》《伍员折书》《伐子都》《守辽西》《黄逼宫》《抱火斗》《忠孝图》《白水滩》《杀庙》《铜台解围》《辕门射戟》《广寒图》《岳家庄》《镇台念书》《打銮驾》《断桥亭》《辛安驿》《盘肠战》《百宝箱》《放承恩》《未央宫》《八义图》《柜中缘》《苟家滩》《抱妆盒》《昊天塔》《花亭会》等。

《武当山》剧照：王成士饰朱元璋，乔荫棠饰陈野先

《黄逼宫》剧照：栗成荫饰郑庄公

《岳家庄》剧照：强东海饰银瓶，路逢昶饰岳夫人，王成士饰岳云

《断桥亭》剧照：栗成荫饰许仙，张朝宣饰白云仙，傅之荏饰青儿

《辕门射戟》剧照：张桂林饰纪灵，潘永昌饰吕布，栗怀荫饰刘备

《虹霓关》剧照：王景慕饰东方氏，胡昌锦饰王伯党

《跨海征东》剧照：栗成荫饰薛仁贵

1943年　50岁

1月至12月，封至模负责的戏剧专修班前后实习公演9次，11月封至模带队赴三原、耀县等处公演。

戏剧专修班本年新排剧目有《箭头鸳鸯》《八蜡庙》《龙门寺》《闯宫》《黄金台》《铡美案》《刺秦王》《三回头》《别寒窑》《审刺客》《大报仇》《节义廉明》《截江救主》《打张仪》《乾隆打宫》《算军粮》《刘裕逼宫》《斩雄信》《儿女英雄》《国士桥》《孔家庄》《铁兽图》《关公挑袍》《文山殉国》《水淹下邳》《三娘教子》《江宁令》《彦贵卖水》《还我河山》《赤桑镇》《虹霓关》《三打洞》《大登殿》《白马坡》《斩经堂》《英雄义》《得意缘》《锄奸记》《糟糠对》《跨海征东》《岳母训子》《夺状元》等。

戏剧专修班师生在演出途中留影

12月，夏声剧校离陕赴川。

夏声系列机构原本设计的体制就类似于民国时期的易俗社，剧校依托于剧社，社居主导，校为旁佐，师生之间本就如易俗社一样偶有裂痕。夏声剧校情况又比易俗社复杂，封至模、马公弢等本地人士与刘仲秋、郭建英等外来人士，虽都希望改良京剧，实现壮大，但在具体的经营理念、发展方针等方面，存在不小分歧。封至模等希望剧校立身陕西做长足发展，刘仲秋等则思谋剧校向外求索图更大进步。1939年外来人士决定南行，因条件不成熟而止步汉中，后暂回西安。1943年7月，在政要见证下，夏声改组董事会，外来人士掌握全局，决定于12月17日出发，离陕赴川，前往重庆演出，以《陆文龙》等剧获得郑君里、黎锦熙、洪深、田汉等人重视，并获得了政府表彰。之后几年，夏声剧校曾在成都、庐州、南京、徐州等地演出，并得到梅兰芳等人的帮助，最终落脚上海。如封至模自己所说，京剧在陕西发展并不乐观，虽然从心理上不舍，但从后面发展看夏声剧校离陕他往确实是较为正确的选择。马科、梁斌、齐英才等人，后来在上海这方戏剧沃土上取得了相当突出的成绩。

陕西省立戏剧专修班全体教职员学生合影（二排右七为封至模）

1944 年　51 岁

1 月至 4 月，封至模负责的戏剧专修班前后实习公演 3 次。

戏剧专修班本年新排剧目有《取巴州》《三拷吉平》《举案齐眉》《跪楼》《清风岭》《抱琵琶》《雌雄镖》《观兵书》《戎马书生》等。

10 月，封至模辞去戏剧专修班职务。

当年年初，思想开明、专心业务的教育厅厅长王捷三因“自由色彩浓厚、不能与‘异党’斗争”遭反动势力威迫去职。封至模受其邀而来戏剧专修班任职，亦无奈随其辞任而去。在封至模主掌戏剧专修班四年间，虽然教育厅屡屡有经费亏欠，封至模与主管部门之间留下了大量索取钱粮的档案记录，但到底该班属公办性质，在王捷三的关照下，获得了必要的政策、经费、人事支持。既少掣肘，又有援助，封至模以戏剧专修班作为他戏剧改革与文化普及的又一主要阵地，对数百出秦腔旧剧进行了大刀阔斧的改造。经他整理过的一些剧目，至今仍活跃于舞台，只不过寻常我们未曾予以关注。可以说，封至模从整体上提升了秦腔的格调与品位，为秦腔剧目的现代化做出了巨大贡献。可惜，他的改革因人事变化的不可抗力又一次被迫中断。可见，稳定化、体制化的政府支持对于戏剧事业发展有多么重要。

《梅龙镇》剧照：吕凝馨饰李凤姐

《锦绣图》剧照：李紫茗饰孙尚香

冬，封至模变卖家产创办上林剧院。

失去臂助的封至模并未灰心丧气，而是振作精神，马上又投入新的战斗中来。在张凤翙、张锋伯、杨晓初、王捷三等社会名流与剧界好友的支持下，他以“兴灭振绝，敲着高朗的旗鼓；继往开来，建起伟大的功勋”为座右铭，变卖家产，投资办团，自费创立上林剧院。他说：“现在我们一些秦人……愿承担发挥光大的责任，联合组织了上林剧院，尽我们的心力！”上林剧院定址于民乐园东上林路，封至模任院长，陆其如任教务主任，杨启华、李可易任主教练，李天堂、安鸿印任教练，唐虎臣、韩盛岫任兼职教练，胡文藻、王景慕、成怀学等任助教，刘尚达、袁允中、张伯明等教授文化、戏剧课程，招收有吕凝馨、李紫茗、杨作翰、刘亘天、侯紫寅、王新邦、张春薰等学生。封至模对戏剧事业不计投入、无私奉献的精神，在任何时候都是稀有而受人敬佩的。

1945年 52岁

春节，上林剧院开始公演。

由于督导严格、教育得法，上林剧院之学员不久就登台演出了。上林剧院的剧目主要由封至模执导排练，首次推出的戏是三折加一本，折戏是《二进宫》《四郎探母》《别窑》，本戏是《满床笏》。上林剧院陆续上演的剧目有《雌雄镖》《奇双会》《杀狗》《翠屏山》《梅龙镇》《梦游月宫》《岳家庄》《岳母训子》《箭头鸳鸯》《马前泼水》《破洪州》《双摇会》《汾河湾》《拾玉镯》《拷寇》《抱妆盒》《水淹下邳》《龙门寺》《珍珠衫》《激友》《四进士》《杀驿》《黄鹤楼》等。上林剧院首次演出在南院门晋风剧场，后来演出有时在景龙中学露天场地，教练及其他名演员也偶尔参与演出，如安鸿印演出的《孟明降妖》、刘毓中演出的《周遇吉上关》等，几十年后仍让杨文颖记忆犹新。上林剧院相当长一段时间在各县和农村巡演，所到之处有户县、周至、咸阳、泾阳、三原、礼泉、蓝田、长安、铜川、耀县、临潼、高陵等地，其小娃娃戏，在县乡庙会很受欢迎。

《奇双会》剧照：吕凝馨饰李桂枝，杨作翰饰赵宠

《汾河湾》剧照：李紫茗饰柳银环，刘亘天饰薛仁贵

《双摇会》剧照：侯紫寅、王新邦、张春薰演出（从左到右）

《芦花荡》剧照：张明忍饰张飞，萧明森饰周瑜

《二堂舍子》剧照：王新邦（左）饰刘彦昌

封至模（前排）与上林剧院学生合影

1947年　54岁

春，上林剧院与晓钟剧社合并，组建西安私立晓钟戏剧学校，封至模任校长。

1940年，刘文伯、张秦伯、范紫东等在乾县合力组建晓钟剧社。1947年春，该社来西安演出，恰逢上林剧院巡回公演返省。此时的上林剧院负债太多，而晓钟剧社人才较弱，两相合计，正可互补。经张凤翙、姬汇伯、寇遐、马平甫、范紫东等介绍，上林剧院戏箱归晓钟剧社，晓钟剧社替上林剧院偿还外债，两家合并，定址于狮子庙街，改称西安私立晓钟戏剧学校。封至模任校长，寇遐任董事长，范紫东任理事长，张凤翙、姬汇伯、马平甫、韩绾青等任校董。学校首先推出封至模整理改编的《忠孝节义》《全本《三娘教子》》，又一次轰动剧坛。后封至模又为西安私立晓钟戏剧学校排演了他的《奇双会》《岳家庄》《龙门寺》《赤壁鏖兵》《箭头鸳鸯》等代表剧目，任哲中、殷守中、李晓俊、傅晓民、马世中等均曾在这一时期受到封至模的悉心教导。

1948 年 55 岁

12 月，封至模为西安私立晓钟戏剧学校编剧的《义侠武二郎》上演。

国民党统治后期的西安，混沌百般，乱象丛生。对追求社会纯洁，思慕人性善良之封至模来说，当然比较痛心，他借卢梭的话慨叹“人性非不善，特社会促之为恶耳”，希望“建立内生命之秩序，变更外生命之形势，以提高精神生活，倡导高洁风尚，完成真、善、美之人格”。为此，他再次瞄准宋朝历史，取武松、潘金莲、西门庆等人之故事，写成《义侠武二郎》一剧，由田畴易排导，李阔泉、杨涌泉助导，杨作翰饰武松、吕凝馨饰潘金莲、任哲中饰西门庆、童晓钟饰王婆子、王新邦饰武大郎、张兴良饰何九叔。以这部剧为契机，封至模愿与同业以山岳为鼓板，以江河为琴弦，使社会焕然，让污浊澄清。遗憾的是，当时因经济萧条、百业荒废，又因理念迥异、台风不融，封至模在此校的事业也未能持续下去，他又一次离开了自己苦心经营的艺术园地。封至模离开之后，该校几经颠沛最终落脚宝鸡，成为今宝鸡市戏曲剧院的前身。

是年，封至模与陈晴皋、宋上华等合拍照片。

陈晴皋是封至模在北京求学时的至交好友，两个人是长期合作、互相帮扶的话剧老搭档。陈晴皋 20 世纪 20 年代初在北京大学攻读法学，后执教母校，任职当局，少回故乡。1948 年陈晴皋返陕竞选立法委员，临行前“年龄合计一百一”的两个人合拍照片，“以作二十年前鸿爪”。已成易俗社名伶的宋上华以为机会难逢，力求与封至模合摄《白蛇传》，由萧润华配饰许仙。宋、萧均为封至模在易俗社培养的高足。可见，封至模虽离社，但与学生情分仍在。

《义侠武二郎》剧照：吕凝馨饰潘金莲，杨作翰饰武松

《虹霓关》剧照：封至模（左）与陈晴皋（右）

《白蛇传》剧照：萧润华饰许仙，封至模饰白云仙，宋上华饰青儿

第四篇

红叶白首，丹青不渝

（1949—1974）

从三意社到陕甘宁边区文化协会、西北军政委员会文化部再到西北戏曲研究院，封至模先生虽已华发渐生，却初心不改，矢志不渝，为戏剧事业鞠躬尽瘁，奋斗终身。

《红娘子》剧照：赵晓岚饰红娘子，严辅中饰李信

1949年　56岁

2月，封至模受苏育民邀请，到三意社任职。

1915年，脱胎于长庆班的长庆社（1921年改称“三意社”）成立，历经苏长泰、耶金山、苏哲民等人之手，至20世纪40年代末苏育民治下的三意社已岌岌可危。当时，国民党兵痞任意征用社址，当局随性派发税捐，兼之三意社一些演员染上烟瘾，疏于训练，社内神气涣散，形如散沙。袁多寿入三意社后，得知封至模从西安私立晓钟戏剧学校离开，乃与苏育民力邀其前往三意社。封至模临危受命，全权督办，变卖妻子首饰为三意社筹措急需资金，要求演员戒除烟瘾，又邀请吕宁馨、杨作翰、胡文藻等人加盟三意社，扩大演出阵容。经此“组合拳”，三意社凝心聚力，重焕生机，因封至模排导出《大名府》《武大郎之死》等剧，大受欢迎而重新站稳了脚跟。1949年5月20日西安解放后，三意社连续推出《红娘子》《鱼腹山》《白毛女》《红布条》等剧。《红娘子》排出后，台下观众一改只“听”的旧有习惯，随剧情发展变换情绪。业界同行亦从此彼此招待观看新戏，互相观摩。西安的戏剧风气有了极大的改观。

8月，封至模经张季纯介绍，任陕甘宁边区文化协会戏剧组副组长。

陕甘宁边区文化界救亡协会是后来西北文联的前身，1937年成立于延安，于1940年更名陕甘宁边区文化协会（简称边区文协），艾思奇、柯仲平、马健翎、张季纯等曾先后在此协会担任职务。1949年西安解放后，边区文协迁址西安，欲吸收一些思想进步、熟悉情况的同志加入。封至模之前曾为延安戏剧事业做过贡献，张季纯、马健翎等早有了解，遂盛情邀请封至模加入边区文协。封至模积极学习党的文艺政策，踊跃参与边区文协组织的各类会议，以饱满的热情、愉悦的心情投身到新文艺事业中来。

程砚秋（二排右二）在西安考察期间与陕西文艺界合影（前排右一为封至模）

1949 年年底，程砚秋率团来西安演出及考察，封至模参与欢迎、接待工作。

程砚秋先生不仅艺术卓群、演技脱俗，而且富有远见、长于思考，对中国戏剧历史及发展有着深切关注与深沉思考，曾拟定《关于地方戏曲的调查计划》，准备赴全国十二个片区进行考察。陕西及周边地区是他确定的首站。1949年，西安五四剧院负责人赵清泉邀程砚秋来陕。程砚秋基于多方面考虑，率众来到西安进行演出并做深入探访。在封至模的陪同下，程砚秋、杜颖陶等人参观了西安梨园会馆旧址，并获赠封至模抄录的梨园会馆石刻碑文。他们发现由1780 年到 1807 年，西安梨园行所供奉之戏神由老郎改为庄王，由此引发了中国戏曲史上关于“两个秦腔”的争论。

赵清泉赠封至模签名照

程砚秋赠封至模余三胜塑像照片

程砚秋西安演出《锁麟囊》剧照

程砚秋（立者）与西安文艺界交流

西安梨园会馆石碑（中国秦腔艺术博物馆展出）

西北军政委员会文化教育委员会全体委员合影(前排左二为封至模)

1950 年　57 岁

4 月，封至模当选西安市第二届各界人民代表会议协商委员会委员。

西安市各界人民代表会议协商委员会是西安市政协的前身，1949 年，西安以选举、协商、推荐、邀请等方式产生了西安市各界人民代表会议代表，曾召开三次会议。1950 年第四次会议改称西安市第二届各界人民代表会议第一次会议，代行人民代表大会职权，由协商委员会在会议休会期间执行职权。协商委员会由赵伯平担任主席，亢心栽、刘光智、马平甫担任副主席，李虎臣、孙辅丞、张锋伯等任委员，封至模与刘尚达亦当选委员。

6 月，封至模去西北军政委员会文化部戏曲改进处工作，任副处长。

1950 年 1 月，西北军政委员会成立。4 月，西北军政委员会成立文化部并设戏曲改进处，由成柏仁担任部长，马健翎担任副部长及戏曲改进处处长，“改人、改戏、改制”的戏曲改革工作由此进一步紧锣密鼓地开展了。与西安乃至全国剧界方方面面都熟络的封至模，任戏曲改进处副处长，在工作中起到了很好的周旋、润滑作用。

10 月，封至模改编的秦腔传统戏《回到祖国来》通过戏曲改进处审查，后由民众剧团首演。

《回到祖国来》源自“说岳”故事，取陆文龙迷途知返、回归祖国故事编成剧，虽与《山河破碎》《还我河山》一样取材于岳飞传奇，但感情基调截然不同，后者深沉顿郁、感痛无比，前者乐观积极、信心十足，皆契合时代之所需。

11 月至 12 月，封至模参加全国戏曲工作会议。

中央人民政府文化部为研究戏曲改革工作，于 1950 年 11 月 27 日至 12 月 10 日召集各地代表 218 人在北京召开会议，会议选出沈雁冰为大会主席，周扬、田汉、梅兰芳为副主席，马彦祥、马少波为正、副秘书长。沈雁冰致开幕词，梅兰芳、欧阳予倩、周信芳、程砚秋、盖叫天等在开幕式上先后讲话，田汉、马彦祥、杨绍萱等在会议期间作报告。这是戏曲史上一次规模空前的大会。封至模亦曾在会上发表讲话。会议总结了戏曲改革一段时间以来的成就及问题，并为之后的工作开展出谋划策，指明方向。会议期间，封至模所绘秦腔脸谱在太庙进行展览，见多识广的京剧名票刘曾复亦为之啧啧称奇，几十年后仍念念不忘。

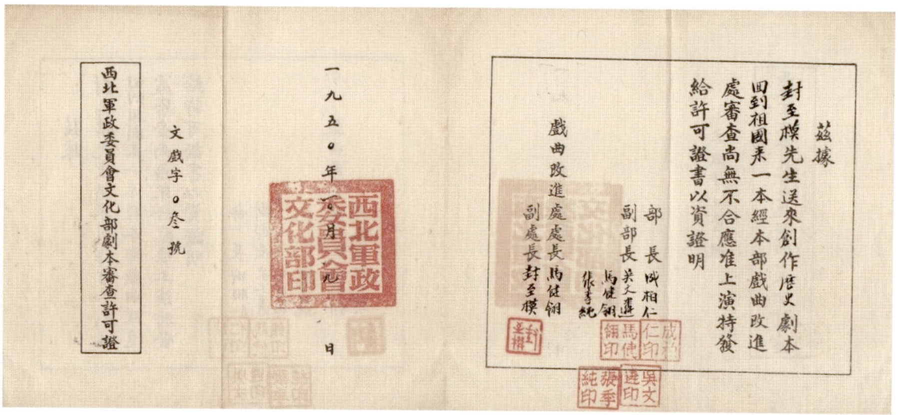
茲據
封至模先生送來創作歷史劇本
回到祖國來一本經本部戲曲改進
處審查尚無不合應准上演特發
給許可證書以資證明
部　長 成柏仁
副部長 吳文遴 馬健翎 張季純
戲曲改進處處長 馬健翎
副處長 封至模
一九五〇年　月　日
文戲字〇叁號
西北軍政委員會文化部劇本審查許可證

西北军政委员会文化部剧本审查许可证

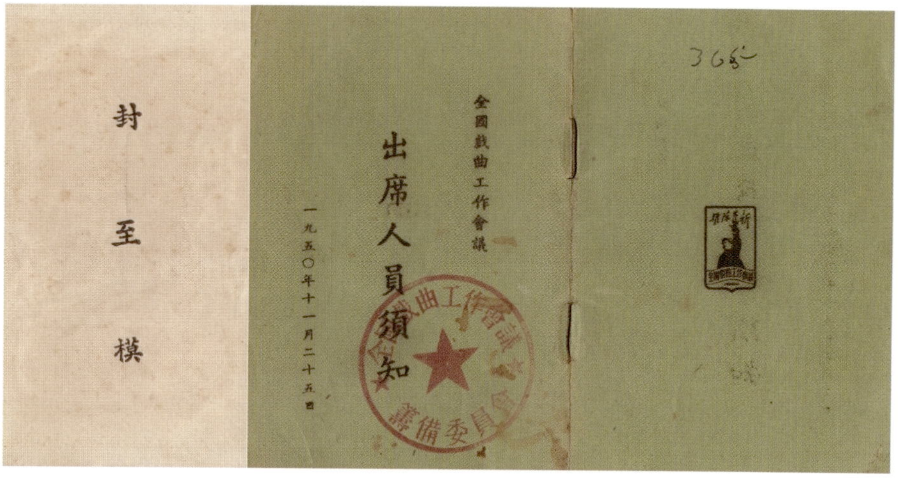
封至模
全國戲曲工作會議
出席人員須知
一九五〇年十一月二十五日

全国戏曲工作会议出席证

封至模在全国戏曲工作会议上讲话

封至模1950年留影

打鑾駕之包文正

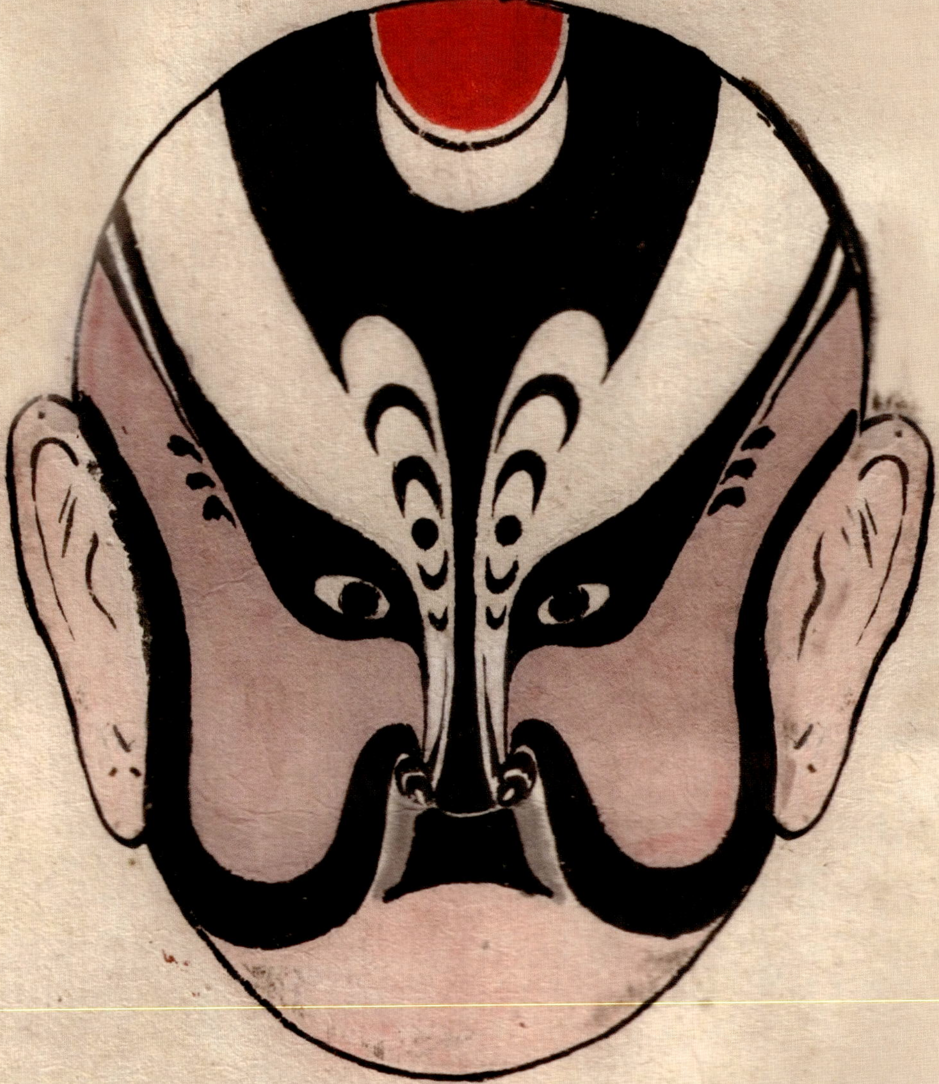

至模繪

玉虎墜之馬武

至模繪

黄河陣之燃燈

至模繪

絶祿嶺之聞仲

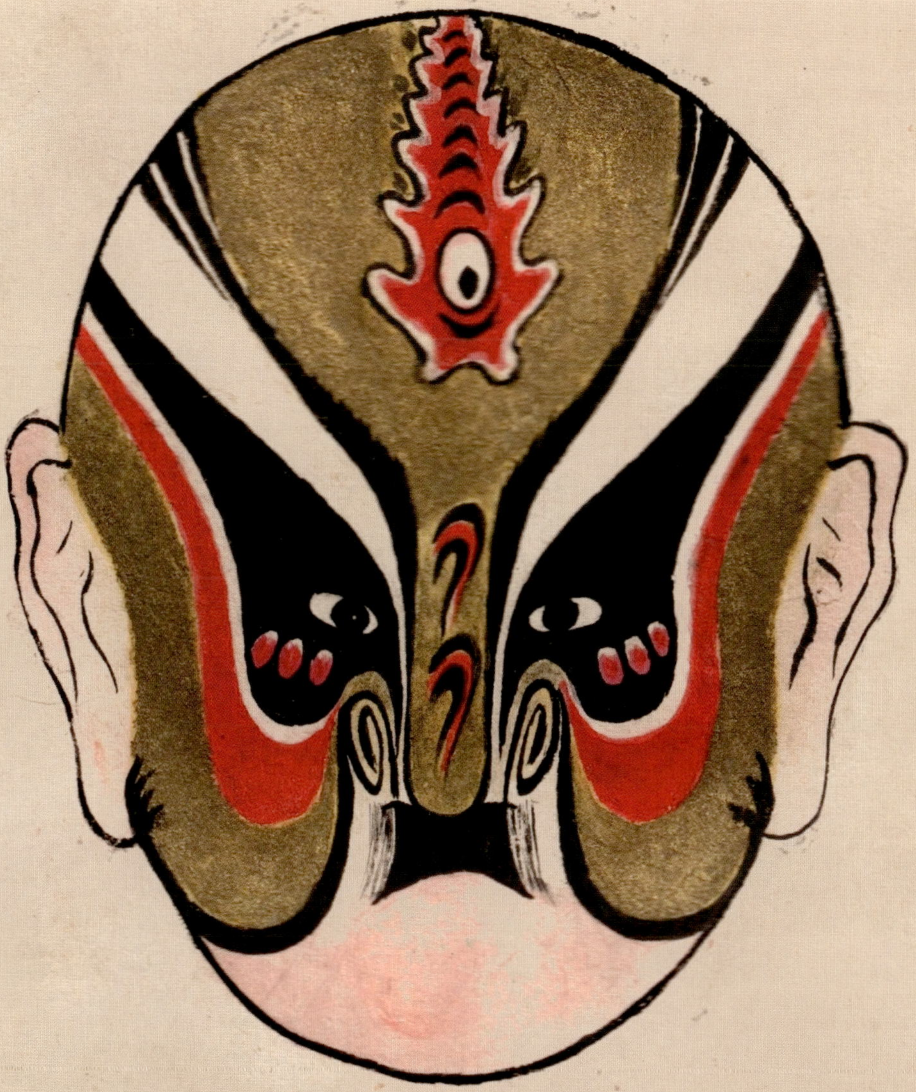

至模繪

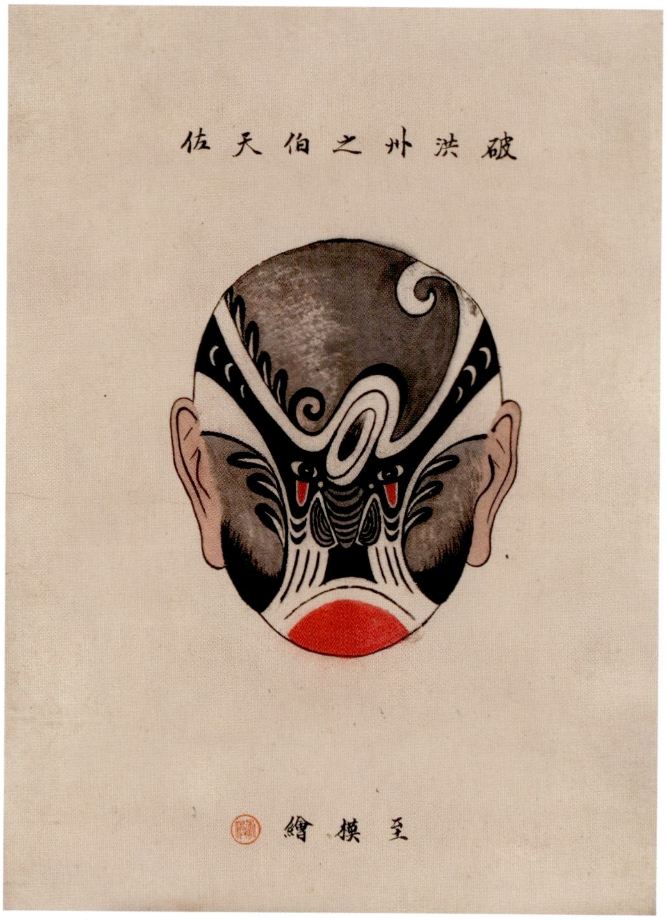

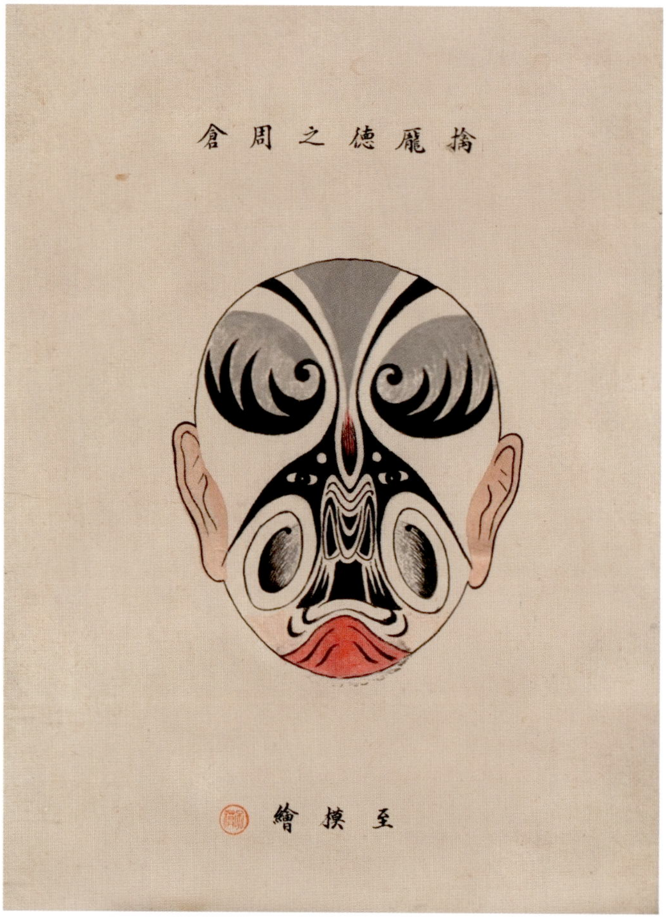

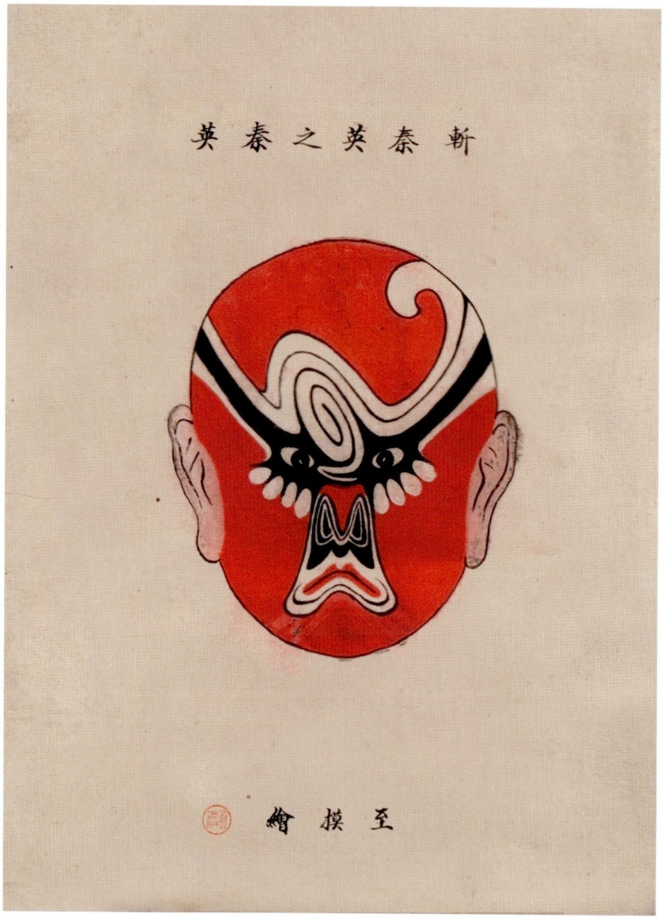

封至模手绘秦腔脸谱 1

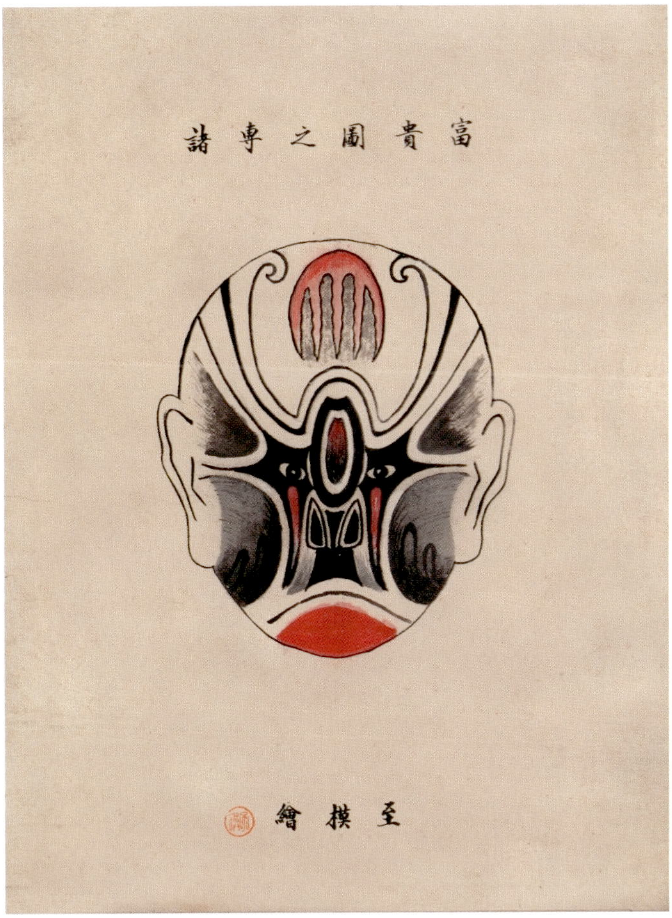

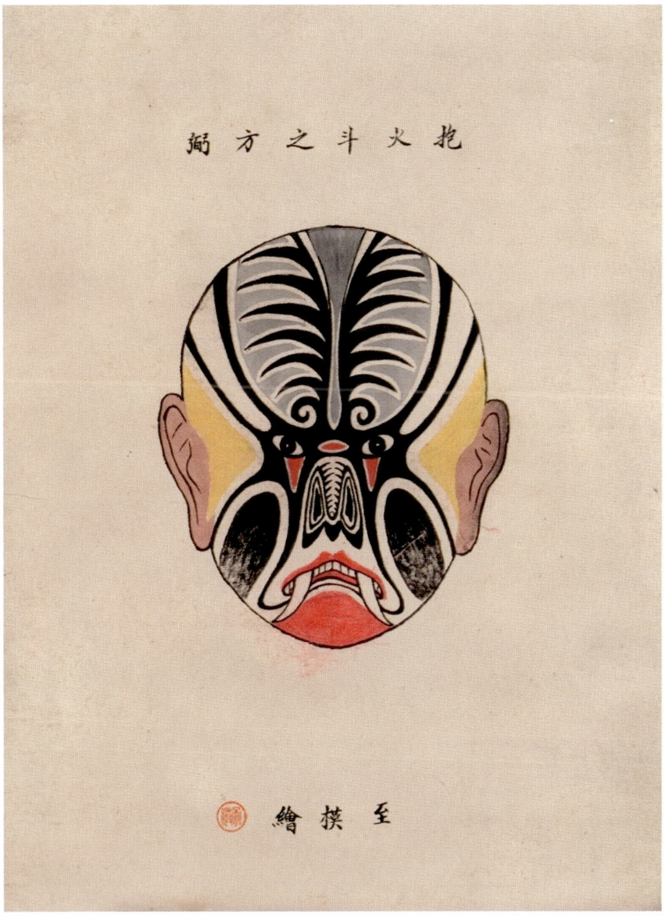

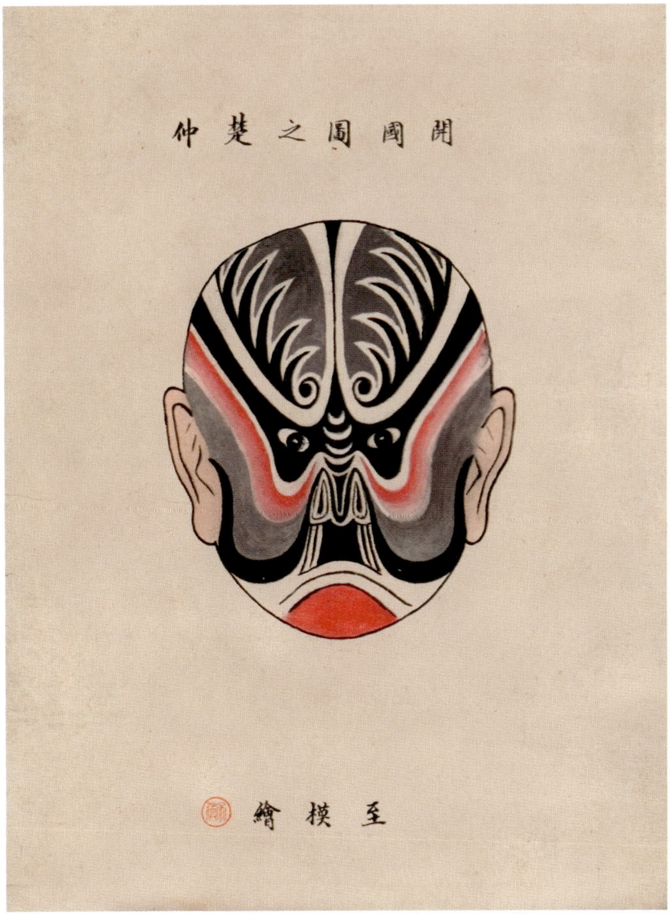

封至模手绘秦腔脸谱 2

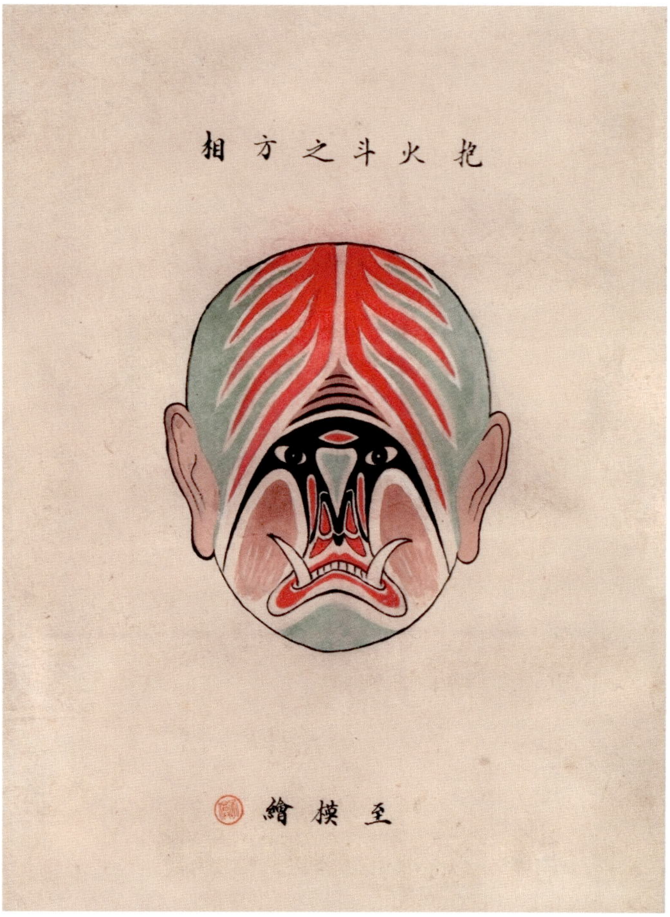

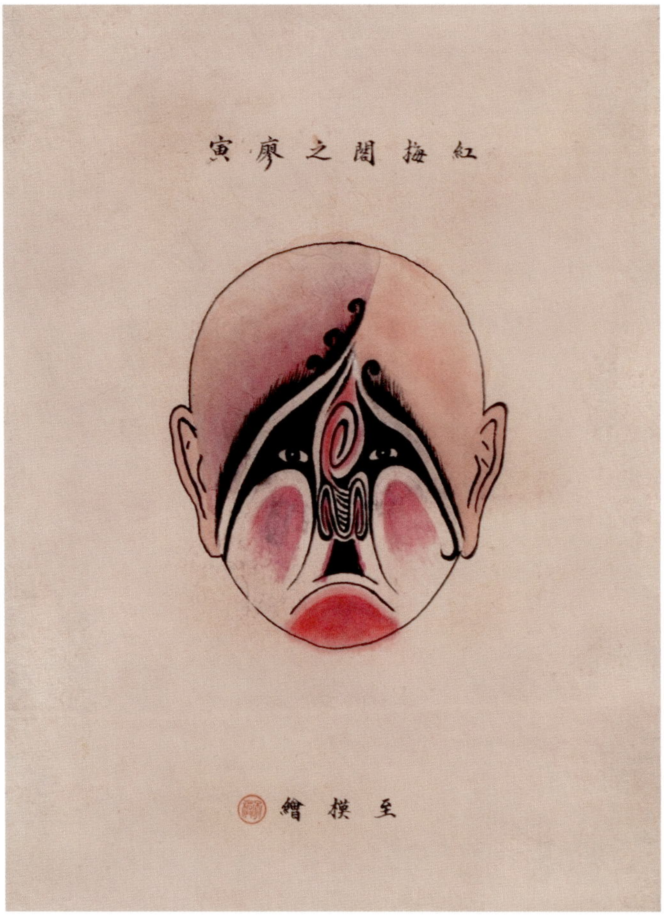

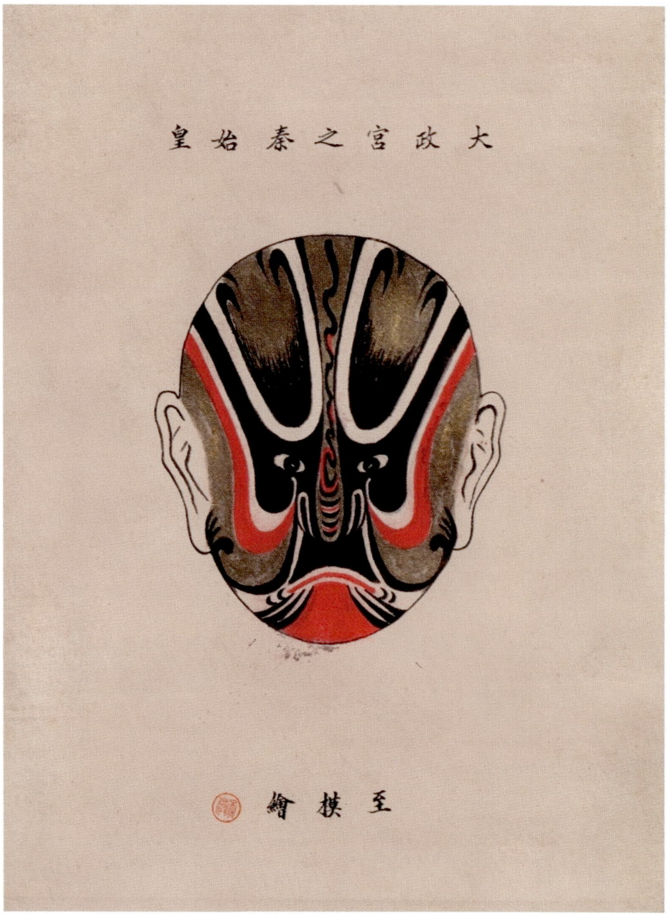

封至模手绘秦腔脸谱 3

封至模手绘秦腔脸谱 4

1951年 58岁

3月，荀慧生率团来西安演出，封至模参与欢迎接待工作。

7月，封至模参加声援抗美援朝义演。

1950年，中国人民志愿军跨过鸭绿江抗美援朝，封至模之子封玉书也作为军区乐团业务骨干，随作战部队奔赴朝鲜。彼时，全国各地、各族人民为支援前线，举行了声势浩大的系列活动。1951年春，西安举行游行，声援抗美援朝，常香玉及香玉剧社开展巡回演出募资，蜚声全国。西安其他戏剧界人士亦广泛动员，大力支持抗美援朝。7月，为筹措资金，封至模与孙蔚如、张凤翙、张锋伯、成柏仁、马健翎、刘尚达、樊粹庭、范紫东、杨公愚等领导同志、知识分子及苏育民、何振中、王仲华、韩盛岫、胡文藻等戏曲名伶组成空前盛大的演出阵容，各自登场，奉献爱心。这场演出引起了社会广泛关注，受到高度赞扬。封至模与何振中、苏育民共同演出了秦腔《慈云庵》。

封至模（中）与何振中（左）、苏育民（右）合影

荀慧生赠封至模签名剧照

封至模（右）与荀慧生（左）愉快地交流

9月至10月，封至模参加西安市首届文学艺术工作者代表大会。

1951年9月29日至10月2日，西安市首届文学艺术工作者代表大会召开。参加会议的西安地区文学艺术界代表约700名，封至模作为主席团成员之一参加会议。会上，西安市文联筹委会副主任田益荣汇报文联筹备工作，会议通过西安市文联会章，选举产生委员45人、候补委员9人，并组织成立市文联第一届委员会，选举刘尚达为主任，杨公愚、田益荣、樊粹庭为副主任。

西安市首届文学艺术工作者代表大会主席团合影（前排左六为封至模）

西安市流行剧目修改审定委员会
审定第二批流行节目

西安市流行剧目修改审定委员会业经初步审定第二批节目，计本戏二十个，折戏十个。

本戏：投笔从戎、葫芦峪、洪羊峪、武大郎之死、乾坤鞘、麒麟山、黄巢、翠娘盗令（翡翠园）、出汤邑、守扬州、重耳游列国、黄龙山起义、玉堂春（新改）、卖油郎、凌云志、克敌荣归、南阳关、茶瓶计、再生铁、两狼山、通天荡、火牛阵（新改）、皇帝与妓女、软玉屏（丫鬟不要收房）、双明珠、民族英雄（改双妻）、大报仇（去显圣部分）。

折戏：苟家滩、白叮本、拷寇、抱妆盒、拿高登、观兵书、虎头桥、双背鞭、考文、九江口、三打店、捉张任、花蝴蝶、柴桑关、真假李逵、贺后骂殿。

1954 年 6 月 8 日

（据《西安戏曲》1954 年第三期）

《陕西省戏剧志·西安市卷》所载经过审定的第二批流行节目

1952 年　59 岁

6 月，封至模参加新成立的戏曲流行剧目修改审定委员会工作。

戏改中重要的一项举措是“改戏”。新中国成立初期，西北军政委员会文化部进行戏剧节目审定，“可演剧目”列出“有教育意义的剧目”52 种，“一般可演的剧目”132 种，经修改后可上演剧目 49 种，而“停演剧目”虽只列出 64 种，但同时规定“早已禁演或虽未禁演但群众觉悟提高已经厌弃之旧剧，虽未列入此决定之禁演项下，亦不许借口复演”。剧团于此背景下，遂自觉地尽可能避免演出带有争议和风险的剧目，如三意社竟数月间晚场没有演过一场旧戏。因此，当时市面上可演出的剧目比较少。为了繁荣戏剧演出，克服舞台剧目贫乏现象，满足广大人民文化生活要求，西安成立戏曲流行剧目修改审定委员会，由各剧院将自己所有上演剧目，初步选择，提出意见，造表上报。封至模与范紫东、王绍猷、谢迈千等老牌剧作家，刘毓中、安鸿印、王文鹏、杨金声、苏育民、阎国斌、李正敏等名艺人，黄俊耀、柳风、姜炳泰、杨公愚、田益荣等新戏剧工作者一道组成委员会进行修审，挑选可以上演的流行剧目，第一批选定本戏 68 个、折戏 97 个，第二批选定本戏 20 个、折戏 10 个，确实在一定程度上丰富了当时的演出剧目。

7 月起，封至模任西北文化部艺术事业管理处副处长，开始筹备参加第一届全国戏曲观摩演出大会。

6 月，西北军政委员会文化部下属戏曲改进处与艺术处合并，封至模任改组后艺术事业管理处的副处长。当时，为了贯彻毛泽东“百花齐放，推陈出新”的戏曲改革方针，展示民族艺术，促进剧种交流，巩固戏改成绩，解决现实问题，文化部筹划在北京举行全国范围内的优秀戏曲剧目展演，各大剧种、剧团开始了紧张的筹备工作。7 月底，由封至模与张季纯、马健翎、黄俊耀、常香玉、苏育民、田益荣等 19 人共同组成的西北区参加全国戏曲会演筹备委员会成立，封至模与史雷共同负责剧务组。随后，封至模于 10 月至 12 月间担任第一届全国戏曲观摩演出大会西北演出团副团长，与团长马健翎及其他两位副团长黄俊耀、刘尚达带队赴北京参演。

此次赴京演出，西北演出团召集精兵强将，建立了一支极其豪华的演出队伍，精心推出了几场名家联袂、强强联合的优秀节目。10 月 9 日，西北演出团的豫剧、秦腔折子戏专场在长安戏院上演，由封至模改编，苏育民导演、主演的秦腔《打柴劝弟》精彩亮相（其实，《打柴劝弟》与当天刘毓中演出的《卖画劈门》封至模亦参与排导）。10 月 22 日，由马健翎改编的秦腔《游龟山》在北京剧场演出，封至模系该剧排名第一的导演，秦腔名家肖若兰那脍炙人口的《藏舟》就是封至模与宋上华精雕细琢，让她苦练基本功并引导她分析人物打磨出来的。经过激烈评比，最终《游龟山》获演出奖二等奖，刘毓中、苏育民获演员奖一等奖，西北演出团载誉而归。

沈和中赠封至模签名《黄鹤楼》剧照

封至模（左）与梅兰芳（右）合影

封至模（左）与程砚秋（右）合影

《卖画劈门》剧照：刘毓中饰白茂林

《打柴劝弟》剧照：苏育民饰陈勋

《游龟山·打架》剧照：刘毓中（左一）饰胡彦，雷震中（左二）饰家郎，阎振俗（左四）饰卢世宽，张新华（右一）饰田玉川

《游龟山 · 献杯》剧照：孟遏云饰田夫人，杨金凤饰胡凤莲，刘易平饰田云山（从左往右）

《游龟山 · 会审》剧照：杨金凤（左一）饰胡凤莲，樊新民（左三）饰董威，姚裕国（左四）饰卢林，刘易平（右一）饰田云山

封至模（前排左三）及西北演出团部分人员与梅兰芳（第二排左三）合影

封至模与西北演出团部分人员在程宅与程砚秋合影
（前排左起：封至模、杨金凤、宋上华，后排左起：何振中、李丹林、程砚秋、陈幼韩、李正敏）

封至模在北京与西北演出团成员合影（前排左起：田德年、刘易平、封至模、李正敏）

苏育民等赠封至模照片（前排左起：苏育民、刘毓中、刘易平，与后排左起：李应真、杨金凤）

导演组获奖后合影（左三为封至模）

《游西湖》剧照：杨金凤饰李慧娘，苏育民饰裴瑞卿

1953 年　60 岁

封至模调西北民众剧团工作，后入西北戏曲研究院工作。

1951 年，中国戏曲研究院成立，由梅兰芳出任院长。西北地区亦有效仿之意，筹划成立西北戏曲研究院，并拟请程砚秋来陕担任院长，可惜未能如愿。经过一段时间的筹备与运作，在西北军政委员会改为西北行政委员会后不久，包括封至模在内的西北军政委员会文化部部分人员于 1953 年被调入西北民众剧团，后剧团又与西北实验戏剧学校（原西北戏剧改革干部训练班）合并组建西北戏曲研究院，下设实验剧团与戏剧学校，由马健翎出任院长。院方考虑到封至模年已花甲，不便再担任繁忙的行政性职务，但因封至模声望日盛、造诣臻熟，遂安排其在艺委会任职，主要从事表演教学、艺术指导等工作，为西北戏曲研究院排演重点剧目。

《游西湖》剧照：李继祖饰裴瑞卿，杨金凤饰李慧娘，罗四奎饰廖寅

6月起，封至模为西北戏曲研究院执导《游西湖》，排出后随团赴兰州演出。

《游西湖》系秦腔传统名剧，以鬼魂形象出现的李慧娘有许多别具一格、令人称叹的表演技巧与程式。马健翎执笔改编的《游西湖》，将鬼魂去除，把原本的“救裴”改为园丁协助慧娘装鬼恐吓来人，极力摆脱原剧“浓厚的宿命论与迷信成分”。剧本由封至模、李正敏任主要导演，他们还是尽可能多地在排演中保留了原剧最具光彩的吹火、扑跌等功夫。9月，该剧由西北戏曲研究院首演，李慧娘由杨金凤、马蓝鱼饰演，裴瑞卿由苏育民、李继祖饰演，蕊娘由董化清、田壮华饰演，江良成由刘易平、槐保顺饰演，贾似道由田德年、胡正友饰演，贾化由李克、陈炎饰演，廖寅由罗士奎、边宝珊饰演。《游西湖》被推出后受到了一些质疑，于1956年、1957年院方分别推出袁多寿改编本与马健翎再改本，封至模亦曾参与后续剧目排导。改编本《游西湖》一度被计划拍成电影，于“三大秦班”进京演出时获得了包括梅兰芳等人在内的剧界一致好评。饰演李慧娘的马蓝鱼，凭借在此剧中的出色表演，获得了“火中凤凰”之美誉。

封至模（前排左四）与训练班学生在一起

10 月，封至模参与西北戏曲研究院演员训练班工作。

原被收入西北戏曲研究院的西北实验戏剧学校撤校后，年纪较大者被归入实验剧团，年纪较小者被划入演员训练班，后来该班又继续开办，招收新生，再加上稍早些进入民众剧团、西北戏剧改革干部训练班、西北实验戏剧学校的年轻人，李应真、杨凤兰、寇治德、李继祖、卫保善、蔡志诚、朱学、吴德、马蓝鱼、李瑞芳、霍慧君、温喜爱、焦瑞霞、贺林、安建英、恒宝珠等一批为陕西戏剧事业做出突出贡献的艺术家，20 世纪五六十年代都曾受过封至模的教诲。封至模竭尽所能地为年轻人指导业务，关心他们的生活，为他们的艺术发展加油助力。来到陕西不久、连陕西话都说不太好的陈薪伊，14 岁第一次登台演出《打金枝》时，就是封至模为她化装勒头的。在她演唱不尽如人意时，封至模替其向老师们求情，让其改行在院里做打字员。她与封至模在同院办公，自然受他教益更多一些。她至今都还记着封至模对她的关心。易俗社的王保易、陈妙华、王芷华、全巧民、孙莉群、任惠中等，也曾受过封至模的指教。封至模还为陕西省戏曲研究院的前身组织介绍了王绍猷、袁多寿、马公弢、郦少霞、韩盛岫、胡文藻、苏蕊娥、陈幼韩等人，他与他们一道共同奠定了这一院团的部分艺术风格。在马健翎领导下，由封至模与李正敏、姚伶等开创的演员训练班，已开办至第十一期，为陕西省戏曲研究院及相关艺术团体、单位输送了一批又一批优异人才。李梅、李娟、任小蕾、张蓓、郝卫、王化武、刘照亮、张波等当代舞台中坚力量，都是由此开启艺术生涯的。

西安戲曲

未經許可　請勿轉載

內部刊物　概不出售

第一期

西安市文學藝術界聯合會編印　一九五四年四月三十日出版

使戲曲更好的爲總路綫服務

《西安戏曲》第1期刊影

1954年　61岁

4月，封至模参与筹划的《西安戏曲》正式面世。

新中国成立后，西安戏曲队伍日益壮大，为了交换意见、沟通思想，西安市文联主任刘尚达、副主任田益荣及戏剧专家封至模、姜炳泰、李瑞阳等筹备创设戏曲刊物，团结戏曲工作者，推进戏曲事业发展。素有办刊经验的封至模当然在其中少不了出谋划策。4月30日，由王鸿绵主抓的首期《西安戏曲》正式面世。封至模、范紫东等戏剧大家都曾在其上发表作品，该刊很快成为陕西乃至西北文艺青年的案头必备读物。其时不过十余岁、身患重疾的王正强，就曾在病床上写就一剧本向《西安戏曲》投递。这篇处女作虽未被采用，但编辑的回信和赠刊依然让他备受鼓舞，在之后毅然地走上了戏曲研究的道路。《西安戏曲》为适应形势变化，于1956年改名《西安戏剧》，又于1959年被并入中国戏剧家协会陕西省分会所办《陕西戏剧》中。改革开放后，《陕西戏剧》继续办刊，《西安戏剧》亦复刊，这两份刊物就是今天的《当代戏剧》与《西安艺术》的前身。

4月，为西北戏曲研究院一队排导《铡美案》。

当月，西北戏曲研究院将实验剧团分为一、二两队，一队主要排演古代剧，二队主要排演现代戏。成队伊始，即由封至模为一队执导经王绍猷整理改编的秦腔《铡美案》，该剧包公由田德年饰演，秦香莲由杨金凤饰演，陈世美由刘易平饰演，韩琦由刘亘天饰演，公主由罗幼岚饰演，国太由赵毓平饰演。《铡美案》虽是老戏，但属新排，封至模仍为该剧做了不少别出心裁的处理，如“杀庙”一场，秦香莲的装扮让他花了不少心思。经他设计，韩琦自刎后秦香莲可以在几秒钟内抓坎肩、盖尸体、缠钢刀，表演干净利索，气氛炽烈火热。该剧于同年6月首演，很多当年由封至模等人定下的表演方法，至今仍见于秦腔《铡美案》的演出中。

《铡美案》剧照：田德年饰包公

封至模（前排中）与张君秋（前排左）等合影

《女起解》剧照：张君秋（左）饰苏三

1955年 63岁

11月，张君秋带领北京市京剧三团来西安演出，封至模与之进行艺术交流。

1956年 64岁

6月至7月，封至模参加陕西省第一届戏剧观摩演出大会。

为了进一步贯彻毛主席“百花齐放，推陈出新”的方针，鼓励与繁荣戏剧创作，提高戏剧表演艺术水平，适应国家突飞猛进的社会主义建设和社会主义改造的进程，陕西省决定举办第一届戏剧观摩演出大会。6月15日至7月26日，来自全省各地的演出团体在西安举行了规模宏大的集中展演。全省戏剧艺术队伍在大会中受到了集中检阅。封至模任表演组评奖委员，与林丰、杨公愚、王群定等一同观摩并评定了表演奖项，狮吼剧团的《王佐断臂》、易俗社的《游龟山》等剧获演出奖一等奖，《铡美案》导演申正坤、《三上轿》导演惠济民等获导演奖一等奖，田德年、李正敏、何振中、孟遏云等获演员奖一等奖，何尚达、王君秋、陈妙华、刘养民、张彩香、崔惠芳、全巧民、肖玉玲等一大批主要在新中国成立后被培养出来的青年演员通过此次大会崭露头角，获得肯定。作为三秦剧坛名宿，封至模与李约祉、樊粹庭、高培支、谢迈千、徐碧云、王谋儿、安鸿印、张德明等也被授予奖状。大会表彰他们为陕西戏剧事业所做出的贡献。

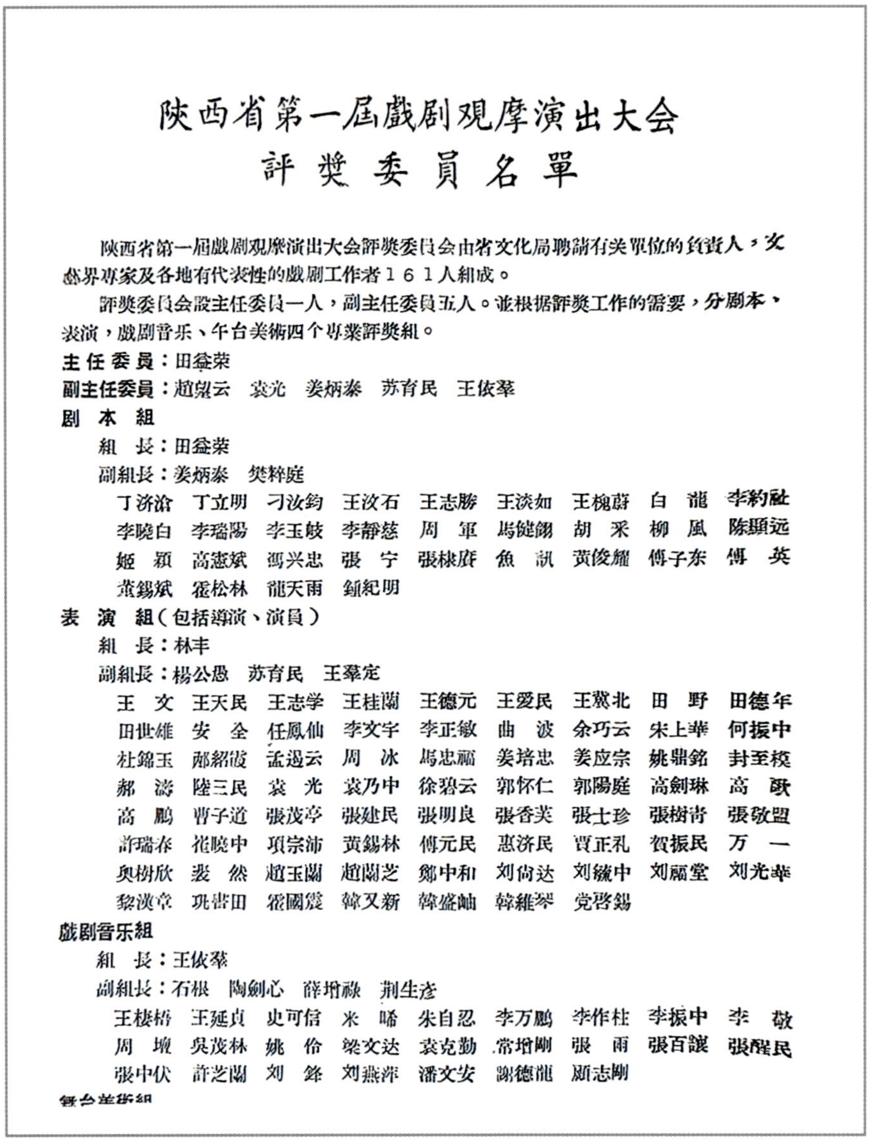

陕西省第一屆戲剧观摩演出大会
評 奬 委 員 名 單

陝西省第一屆戲剧观摩演出大会評奬委員会由省文化局聘請有关單位的負責人，文藝界專家及各地有代表性的戲剧工作者161人組成。

評奬委員会設主任委員一人，副主任委員五人。並根据評奬工作的需要，分劇本、表演，戲劇音乐、午台美術四个專業評奬組。

主任委員：田益荣

副主任委員：趙望云　袁光　姜炳泰　苏育民　王依羣

剧 本 組

組　長：田益荣

副組長：姜炳泰　樊粹庭

丁济滄　丁立明　刁汝鈞　王汝石　王志勝　王淡如　王槐蔚　白　龍　李約祉
李曉白　李瑞陽　李玉岐　李靜慈　周　軍　馬健翎　胡　采　柳　風　陈顯远
姬　穎　高憲斌　馮兴忠　張　宁　張棣赓　魚　訊　黃俊耀　傅子东　傅　英
蕭錫斌　霍松林　龍天雨　鍾紀明

表 演 組（包括導演、演員）

組　長：林丰

副組長：楊公愚　苏育民　王羣定

王　文　王天民　王志学　王桂蘭　王德元　王爱民　王驚北　田　野　田德年
田世雄　安　全　任鳳仙　李文宇　李正敏　曲　波　余巧云　朱上華　何振中
杜錦玉　郝紹波　孟遏云　周　冰　馬忠福　姜培忠　姜应宗　姚鼎銘　封至模
郝　濤　陸三民　袁　光　袁乃中　徐碧云　郭怀仁　郭陽庭　高劍琳　高　歐
高　鵬　曹子道　張茂亭　張建民　張明良　張香芙　張士珍　張樹靑　張敬盟
許瑞春　花曉中　項宗沛　黃錫林　傅元民　惠济民　賈正礼　賀振民　万　一
吳樹欣　裴　然　趙玉蘭　趙蘭芝　鄭中和　刘尙达　刘毓中　刘福堂　刘光華
黎澂章　巩書田　霍國震　韓又新　韓盛岫　韓維琴　党啓錫

戲剧音乐組

組　長：王依羣

副組長：石根　陶劍心　薛增祿　荆生彦

王棲梧　王延貞　史可信　米　晞　朱自忍　李万鵬　李作柱　李振中　李　敬
周　墩　吳茂林　姚　伶　梁文达　袁克勤　常增剛　張　雨　張百讓　張醒民
張中伏　許芝蘭　刘　鋒　刘燕萍　潘文安　謝德龍　顔志剛

舞台美術組

《陕西省第一届戏剧观摩演出大会纪念刊》所载大会评奖委员会名单

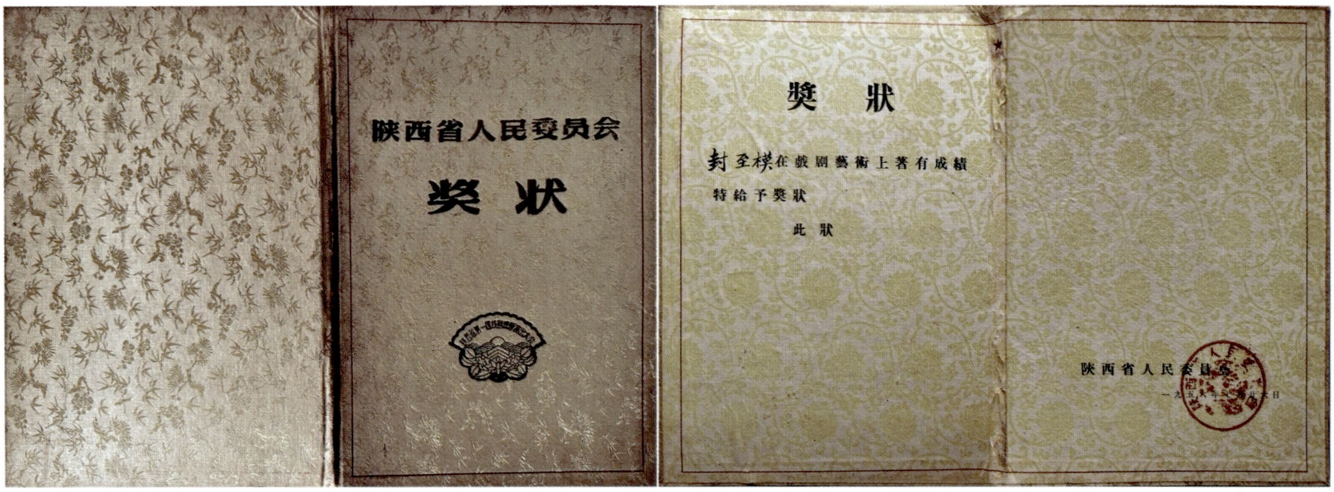

封至模所获陕西省第一届戏剧观摩演出大会奖状

封至模在授课中

封至模（左二）和学员在一起

11月，封至模为陕西省文化局举办的陕西省第一届戏曲导演讲习会讲课。

自1955年起，中国戏曲研究院连续举办戏曲演员讲习会以提高文艺工作者的文化修养与理论水平。同期，各地亦有类似活动，陕西为提高秦腔表演艺术，也开设了不少培训课程。1956年11月，陕西省组织的戏曲导演讲习会开班，封至模与樊粹庭、黄俊耀、柳风、姜炳泰、苏育民、李正敏等被聘为教员。封至模做了题为《中国戏曲表演艺术》的长篇演讲，把中国戏曲的"表演艺术"分为歌唱、念白、表做、舞蹈、化装五大类，又将之细分为二十五类并做了详细、系统的阐述与解说，他还指出："挖掘、整理戏曲遗产，就是要使我们民族戏曲艺术发扬广（光）大，成为世界上一种独立的体系与学派，这是我们戏曲工作者很大的应有的也是责无旁贷的艰巨任务。要完成这一任务，就要我们很好地学习、整理。"这一建议在当时很具有高度和见地，亦是今天所倡导的戏曲艺术体系建设与研究的先声。

1957年　64岁

5月起，封至模开始在《西安戏剧》刊载“秦腔名艺人考略”系列文章。

秦腔戏剧起源较早，舞台上的一切艺术与形象，都是过去许许多多舞台劳动者的结果、成绩、遗产，要继承、发展、提高，就不能忘记那些艰难缔造、劳苦功高的名艺人。为此，封至模多方收集材料，广泛征集线索，于1957年至1959年在《西安戏剧》及后来的《陕西戏剧》发表“秦腔名艺人考略”系列文章，计有《“秦腔王瑶卿”——介绍陈雨农先生》《谈润润子的表演艺术》《党甘亭——胎里红》《李云亭》《刘立杰》《王文鹏》《丑行大师马平民》《刘箴俗》八篇。此外，他还有一篇写碗碗腔名演员的《皮影名艺人“一杆旗”》。这些文章从封至模自身对名艺人们的观感及接触写起，详细记述了这些名艺人们的生平履历、艺术特色，补充了许多生动的历史细节，读来清新自然，具有很高的史料价值。封至模说他还收集了陇西一带名艺人的资料，欲写作成文，遗憾未见刊载。封至模的这一系列文章，是对当时田汉所提“向艺人学习”“向遗产学习”“向舞台学习”的有力呼应。

陈雨农

李云亭

《西施浣纱》剧照：刘箴俗饰西施

《假金牌》剧照：王文鹏饰孙丕显

《看女》剧照：马平民饰任柳氏

碗碗腔老艺人一杆旗（左）和马健翎（右）合影

观摩马蓝鱼演出时封至模与尚小云等人合影
（左起：尚长荣、封至模、尚小云、袁多寿、黄俊耀、李正敏）

夏，尚小云率团来西安演出，封至模全程参与接待。

1951 年首度赴西安后，尚小云于 1957 年应赵清泉之邀再度来陕演出。封至模陪同他观看了马健翎最新改编的《游西湖》，剧中饰演李慧娘的马蓝鱼功夫扎实、表演精湛，给尚小云留下了极其深刻的印象。在黄俊耀的牵线搭桥下，马蓝鱼正式拜尚小云为师，成为其外剧种弟子。彼时，马健翎等陕西文化界人士与尚小云亦通过观摩、座谈等方式，加深了彼此的感情。在陕演出时，马蓝鱼就曾尝试邀约尚小云迁居西安，尚小云当时就表示同意。随后，陕西文化部门的罗明、鱼讯等接连向尚小云表示关怀、慰问，张德生、赵守一等亦对尚小云进行动员。经过审慎、综合的考量后，尚小云最终决定举家赴陕，愿充当陕西省京剧院的创始人。可以说，封至模是尚小云来陕及陕西省京剧院成立的间接推动者与重要见证人。

尚小云赠封至模《汉明妃》签名剧照

9月至10月，梅兰芳率团来西安演出，封至模全程参与接待。

京剧四大名旦中的程砚秋、尚小云、荀慧生，在新中国成立后都曾率团赴陕演出，当然陕西戏剧界也期盼着梅兰芳能莅临西安。作为梅兰芳故交的封至模，曾与张季纯、苏一萍、刘尚达、袁多寿、樊粹庭、苏育民、王天民等共同致信梅兰芳，希望梅兰芳能安排西北之行，并表示他们要向梅兰芳虚心学习，要在其领导下执行共同神圣的任务。终于，梅兰芳于1957年9月至10月率团来西安演出，封至模全程参与接待工作，时常与梅兰芳交流艺术心得，还请梅兰芳为自己的著作挥毫题字。封至模也为梅剧团的表演诚恳提出存在的问题。在后续演出中，演员们虚心接受并予以改正。

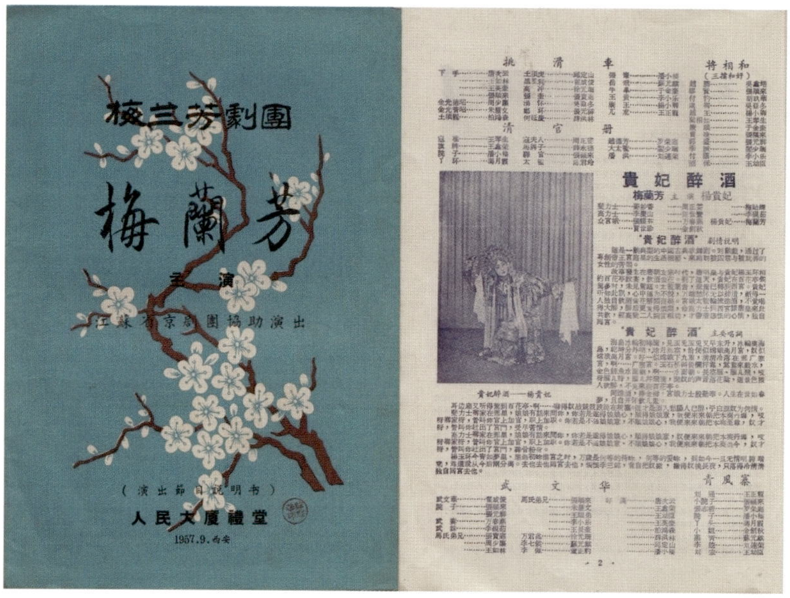

梅兰芳西安演出节目单（局部）

《贵妃醉酒》剧照：梅兰芳饰杨贵妃

梅葆玖赠封至模《西施》签名剧照

10月，封至模加入陕西省秦腔电影剧团，任《火焰驹》舞台剧导演。

电影是近代的新兴传播媒介，借助这流动的影像，后辈可以真切地欣赏到艺术大师们的表演风采。新中国成立后，党和政府为各剧种的代表剧目及代表演员录制了一批宝贵的电影资料。为向全国人民广泛宣传、介绍秦腔，陕西省与长春电影制片厂经历了长时间的筹划和准备，经过观摩四十多个本戏与折戏后，最终选定拍摄李十三遗著《火焰驹》。1957 年 10 月 14 日，陕西省文化局抽调各社骨干成立陕西省秦腔电影剧团，由杨公愚任团长，苏育民任副团长，肖玉玲、陈妙华、刘毓中、苏育民、孟遏云、周辅国、肖若兰等任主演，封至模与刘毓中、苏育民、惠济民同任舞台剧导演。经过紧张的排练，剧团于 12 月赴长春进行拍摄。这是秦腔的首次“触电”。

1958 年　65 岁

1 月、5 月，封至模改编的《宇宙锋》、校订的《玉虎坠》由长安书店出版。

长安书店是由陕西资深报人王淡如创办的出版机构，以出版戏曲等通俗读物享名一时，新中国成立后改为公私合营制。王淡如与封至模亦是多年旧交，1958 年由其所辖的长安书店为封至模出版了《宇宙锋》《玉虎坠》两个剧本。《宇宙锋》系封至模与陈显远稍早在流行剧目修审后据梅兰芳演出本整理而成，曾由兴平、南郑等地剧团排演，得到封至模亲自指导的查俊卿凭借此剧获得了陕西省第一届戏剧观摩演出大会演员奖二等奖。《玉虎坠》是封至模从青年时期起就倾心的一出传统剧目，屡屡被搬演，久负盛名，然封至模未删“托梦”情节的做法在当时受到了一些非议。移植《宇宙锋》剧目是剧目匮乏状态下向大剧种、名演员靠拢以规避风险的表现，《玉虎坠》剧目保留“托梦”情节是“禁戏”政策稍松的反映。

5月至6月，周信芳率团来西安演出，封至模观演后发表《〈坐楼杀惜〉观后》一文。

6 月 1 日，封至模观看由周信芳演出的《坐楼杀惜》后，在 1958 年《西安戏剧》第 11 期上撰文予以评价。这出戏是封至模学习京剧后的一出常演剧目，他对剧情、表演尤其熟悉，因此在观看时能悉心体会周信芳种种处理的妙处，在撰文时分析得当，很有分量。可见，懂表演对艺术评论工作大有裨益。

封至模（左一）在聆听周信芳（立者）讲话

1959年 66岁

封至模与王依群编撰的《中国戏曲大词典》部分稿件油印版，由陕西省戏曲剧院编印发行。

封至模晚年笔耕不辍，与人合力修著的《中国戏曲大词典》以笔画多少排列，写就词条，耗时久，费力大，涉及音乐、表演、人物、剧目等众多方面，各词条无不仔细解释，详加说明。这显示出他深厚的学养、严谨的态度、广博的视野。

封至模在授课中

1960年 67岁

3月至4月，封至模为陕西省戏曲剧院细致加工的碗碗腔《燕燕》、眉户《白汗衫》及亲自导演的秦腔《女巡按》在陕西省新搬上舞台剧种会演、陕西省戏曲青年演员会演中演出。

碗碗腔是陕西历史悠久、流布颇广的一个地方剧种。封至模早年就对它十分关注，情有独钟，曾撰文介绍其情况。20世纪50年代初，封至模陪同马健翎、黄俊耀观看一杆旗演出的碗碗腔皮影后，马、黄皆为碗碗腔那曲折缠绵的音乐折服，委托人为一杆旗的艺术做专门记录。由此，碗碗腔在黄俊耀脑海中久挥不去。1956年，经由黄俊耀倡议，封至模赞同，马健翎批准，陕西省戏曲剧院以毅然魄力将碗碗腔皮影传统剧目《金碗钗》中的“借水”“赠钗”以真人搬演，显露舞台，初试牛刀，反响尚佳。陕西省戏曲剧院再接再厉，接连排演出碗碗腔全本《金碗钗》与《白玉钿》，并带着它们在全国巡演，获得群众高度赞赏，周恩来还曾为碗碗腔赠名“华剧”。此后，陕西各个小戏剧种如老腔、阿宫腔、线腔、弦板腔、道情等，争相将自身转化为大戏演出。为研究和总结这方面的经验，进一步扶持这些剧种，陕西遂筹办新搬上舞台剧种会演，另为检阅十年来之成绩，总结经验，培养艺术队伍，又在新搬上舞台剧种会演后继续开展戏曲青年演员会演。

封至模在写作中

尚小云（二排左七）、封至模（二排左八）1962年与合阳剧团线训班全体师生合影

1960 年，在当时戏曲剧院主力部队外出巡演的状况下，封至模接下了为训练班学生排演剧目的任务。碗碗腔《燕燕》、眉户《白汗衫》经他细致加工，秦腔《女巡按》由他亲自导演，在两个会演中演出，取得不俗成绩。《女巡按》获戏曲青年演员会演演出集体奖、剧本奖、导演奖、音乐奖、舞台美术奖，饰演谢瑶环的何淑霞、饰演肖惠娘的马瑜归、饰演女中军的恒宝珠等皆获青年演员奖。《女巡按》后由温喜爱等以碗碗腔演出，被来西安观摩的田汉改编后，交由中国京剧院杜近芳排演，这就是大名鼎鼎、广传天下的《谢瑶环》。作为戏曲青年演员会演的评奖委员，封至模还慧眼识珠，相中了在会演中大放异彩的贠宗翰等人，将他们调至西安，为他们开启了不一样的艺术人生。对新搬上舞台剧种会演中表现不俗的一些剧种，封至模亦曾给予过大力帮扶，阿宫腔《王魁负义》《女巡按》，碗碗腔《兵火缘》，弦板腔《紫金簪》，线腔《钟鼓记》等，他或导演、或指点、或关心，都有心血倾注。1961 年，阿宫腔《王魁负义》与碗碗腔《兵火缘》等剧在北京演出。这一批戏曲剧种的成熟，与封至模是息息相关的。

1963 年　70 岁

3 月，荀慧生再次率团来西安演出，与封至模进行艺术交流。

荀慧生赠封至模《十三妹》签名剧照

封至模（右）与荀慧生（左）合影

封至模70岁留影

封至模后期留影

晚年封至模 1

晚年封至模 2

1971 年　78 岁

年初，封至模被儿子接到南京居住。

1972 年　79 岁

是年，封至模病情时好时坏，身体稍好时动笔为自己作《八十岁寿序》，有时下笔不能成文，同样的内容反复写了好几稿。

1974 年　81 岁

8 月 8 日，封至模在南京病逝。

附录一

诗乐传家

封至模自幼喜爱拍照，一生留影甚多，不少是与家庭成员合拍的。妻子李漱石对内持家严谨，对外执教有方，为封至模专心从事艺术工作提供了坚强支持；儿子封玉书投戎从军，曾任教职，是有“中国的卡拉扬”之称的指挥家；侄女婿胡文藻由演员转教员，主居幕后，是叔岳父后期排导、教学的重要臂助；侄子封辉在第一野战军从事美术设计工作，亦受封至模影响；孙子封山亦为音乐出身，也曾担任教师一职，与祖父一样热爱收藏，颇有建树；孙女封蕾在南京博物院工作，是文博专家，与祖父一样致力于文化普及宣传工作；侄孙封五昌，执教鞭而外，醉心西安历史，多年来对叔祖父做了细致研究；侄外孙胡小毛自陕赴津，工京剧武丑，曾摘得“梅兰芳金奖”，继承了叔外祖表演衣钵……一门上下，俱都成才。

从左到右分别为孙菡芳（封至模外甥女）、李漱石（封至模妻子）、封至模母亲、封至模

封至模妻子李漱石（中）与其母亲（右）、姨妈（左）合影

封至模（中）与亲戚家小孩合影

封至模（右）与李漱石（左）

封至模肖像照 1

封至模肖像照 2

封至模肖像照 3

封至模生活照 1

封至模生活照 2

封至模生活照 3

封至模肖像照 4

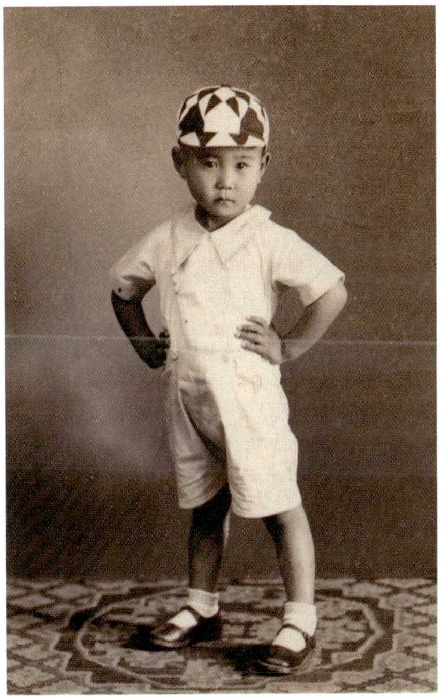

儿子封玉书幼时留影

封至模(左)、李湫石（右）夫妻与儿子封玉书（中）

封至模（左）与儿子封玉书（右）

封至模（左）与侄子封辉（右）

封至模（左）与儿子封玉书（右）

封至模（右）与李漱石（左）

封至模（左）与李漱石（右）

封至模（坐者）与孙女封蕾（立者）、孙子封山（怀抱者）

封至模儿子封玉书指挥照

封至模侄女婿胡文藻（胡昌锦）剧照

封至模侄外孙胡小毛剧照

附录二

谊满梨园

封至模一生交游广泛，自青年时期起就常向秦腔、话剧、京剧等艺术门类的名家大师请益，后来又通过举办演出、兴办事业、参与活动，结识了梨园界众多贤达，彼此切磋，共同进步，晚年声名显著，后辈多有仰慕，因此在各个时期收集、获赠了众多珍贵的照片。这些照片的主人绝大多数都是与封至模有过直接交往的梨园人士，很多照片系首次披露，具有极高的资料价值。

秦腔著名剧作家范紫东

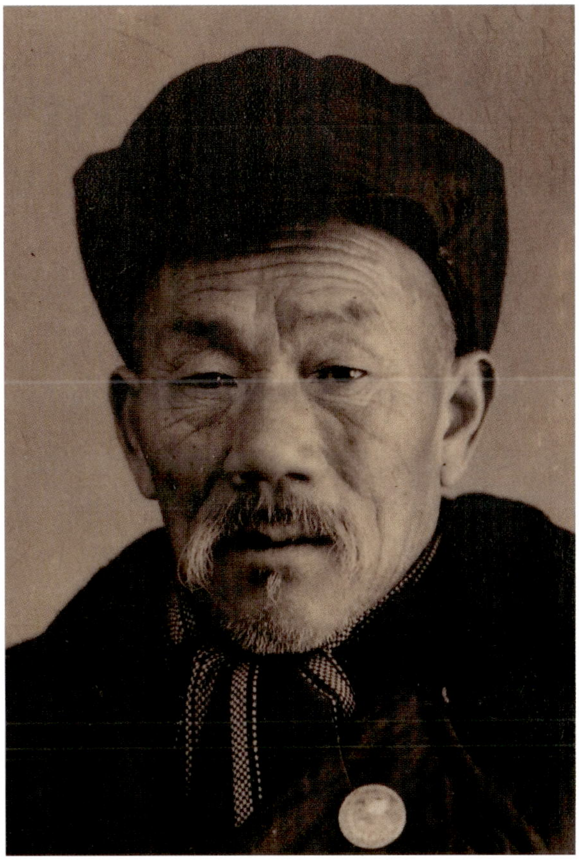

秦腔著名花脸田德年

秦腔著名小生苏哲民

秦腔著名旦角刘箴俗

《梅伯闯宫》剧照：高天喜饰梅伯

《大报仇》剧照：陆顺子饰刘备

《春秋笔》剧照：和家彦饰吴承恩

《八义图》剧照：刘立杰饰程婴

《黄绝鞭》剧照：张寿全饰闻太师

《太君辞朝》剧照：雒福生饰佘太君

《状元媒》剧照：程镜生饰杨六郎

《葫芦峪》剧照：王文鹏饰诸葛亮

《金山寺》剧照：何振中饰白云仙

《断桥亭》剧照：李正敏饰白云仙

《三娘教子》剧照：何振中饰王春娥

《二度梅》剧照：李正敏饰陈杏元

何振中剧照

宋上华剧照

傅荣启剧照

苏蕊娥剧照

《烙碗计》剧照：刘毓中饰刘子明

《杀府》剧照：刘毓中（右）饰伍员

《忠义侠》剧照：苏育民饰周仁

《游西湖》剧照：苏育民饰裴瑞卿

《生死姻缘》剧照：吕成俗饰朱泚，耿善民饰段秀实

《韩宝英》剧照：王天民饰韩宝英，刘毓中饰石达开

《游龟山》剧照：刘易平饰田云山

《辕门斩子》剧照：刘易平饰杨延景

《贺后骂殿》剧照：李辅英饰贺后，张秉民饰赵光义

《二进宫》剧照：刘易平饰杨波，李正敏饰李艳妃，田德年饰徐彦昭

《鱼腹山》剧照：姜能易饰李自成

《斩经堂》剧照：雒荫华饰吴汉

《刺虎》剧照：梅兰芳饰费贞娥

《白蛇传》剧照：程砚秋（右）饰白素贞

《玉堂春》剧照：荀慧生饰苏三

《洪宣娇》剧照：尚小云饰洪宣娇

《群英会》剧照：马连良（左）饰鲁肃

《定军山》剧照：谭富英饰黄忠

《长坂坡》剧照：李少春饰赵云

《借茶》剧照：于连泉饰阎婆惜

《刺汤》剧照：徐碧云（右）饰雪艳

《红娘》剧照：李玉茹饰红娘

《四郎探母》剧照：郦少霞饰铁镜公主

《汉明妃》剧照：杨荣环饰王昭君

孙荣蕙赠封至模《汉明妃》签名剧照

汪剑耘赠封至模《霸王别姬》签名剧照

王吟秋赠封至模签名照

林秋雯赠封至模《四郎探母》签名剧照

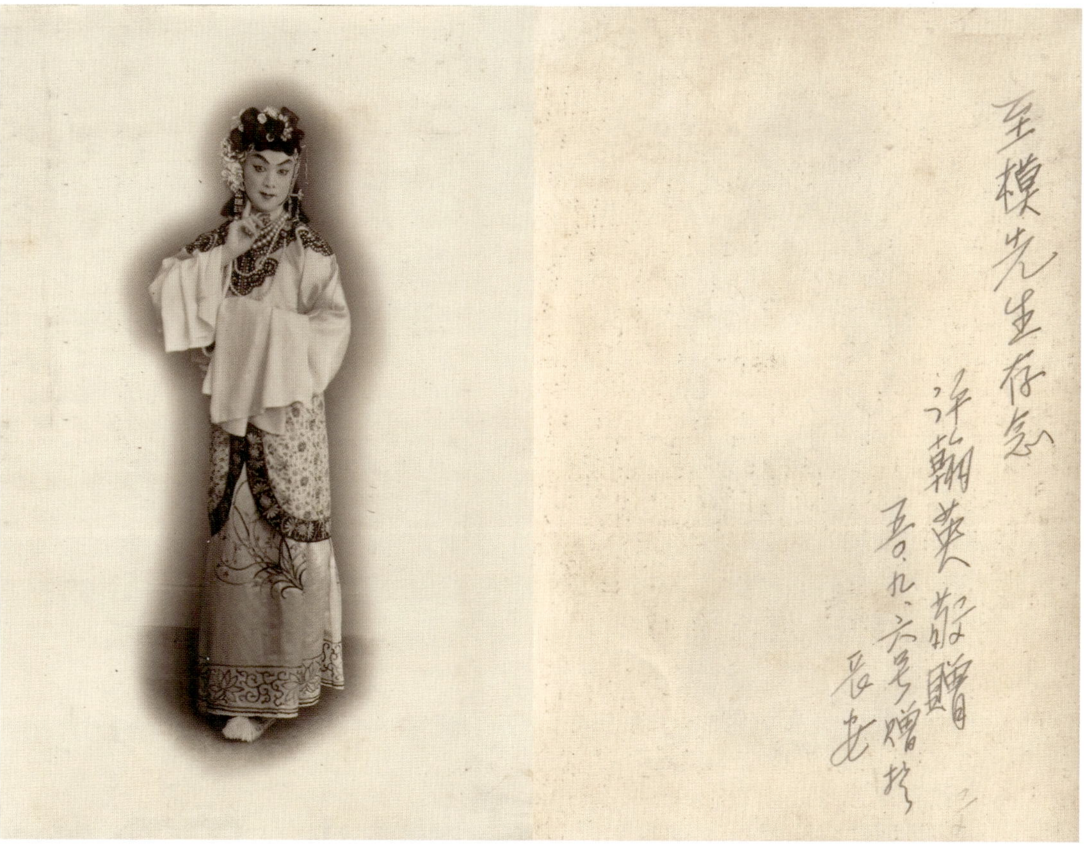

许翰英赠封至模《红娘》签名剧照

沈金波赠封至模《定军山》签名剧照

沈金波赠封至模《借东风》签名剧照

任桂林赠封至模签名照

马长礼（右）与妻子王贞观（小王玉蓉）（左）赠封至模签名照

王贞观(小王玉蓉)赠封至模签名剧照

蒲剧《闯辕门》：杨登云、筱月来演出剧照（从左往右）

蒲剧《游花园》：筱兰香、王存才演出剧照（从左往右）

蒲剧《杀驿》剧照：阎逢春饰吴承恩

评剧赵玉兰剧照

豫剧陈素真剧照

陈素真赠封至模《叶含嫣》剧照

陈素真赠封至模《拾玉镯》剧照

常香玉赠封至模签名照

《拷红》常香玉饰红娘

附录三

桃李芬芳

教育家是封至模很重要的头衔，他先后在易俗社、夏声剧校、陕西省巡回歌咏戏剧队戏剧专修班、上林剧院、晓钟剧校、陕西省戏曲剧院演员训练班等处任教，培养了一大批优秀的秦腔、京剧、碗碗腔、眉户演员，其中不乏开宗立派的剧坛名流。除以上正式学生外，受他指点的戏曲名家、舞台精英更是数不胜数，真可谓桃李不言，下自成蹊。下面这些照片，反映了封至模开展艺术教育的辉煌成就。

《黄逼宫》剧照：易俗社学生庄正中饰郑庄公

《奇双会》剧照：易俗社学生刘文中饰李桂枝

《拷红》剧照：易俗社学生宋上华饰红娘

《蝴蝶杯》剧照：易俗社学生杨令俗饰田玉川

《水淹下邳》剧照：易俗社学生徐抚民饰吕布

《水淹下邳》剧照：易俗社学生黄执中饰貂蝉

《蝶哭花笑》剧照：易俗社学生王月华饰燕绿波

《生死姻缘》剧照：易俗社学生刘清华饰王仙客

《投笔从戎》剧照：易俗社学生雒秉华饰刘明

《秦襄公》剧照：易俗社学生萧润华饰秦襄公

夏声剧校学生马科（左）与妻子童正维（右）赠封至模照片

夏声剧校学生齐英才（右）与妻子张美娟（左）结婚时赠封至模照片

齐英才赠封至模《宝莲灯》签名剧照

夏声剧校学生黄蔚春（右）与妻子吴玉蘋（左）赠封至模照片

夏声剧校学生黄蔚春赠封至模剧照

夏声剧校学生梁斌赠封至模《八大锤》剧照

戏剧专修班学生王家敏（王景慕）（右）与妻子董枫（左）赠封至模签名照

戏剧专修班学生王成士（右）与妻子韩凤瑛（左）赠封至模签名照

封至模（右）与戏剧专修班学生栗怀荫（左）、栗成荫（中）合影

《小上坟》剧照：京剧学生陈幼韩饰萧素贞

上林剧院学生杨作翰赠封至模照片

学生权孝苓赠封至模《走雪山》签名剧照

《五典坡》剧照：学生孟遏云饰王宝钏

《藏舟》剧照：学生肖若兰饰胡凤莲

学生余巧云赠封至模《赶坡》签名剧照

《夺锦楼》剧照：易俗社学生任慧中饰万花楼

易俗社学生王保易赠封至模《借赵云》签名剧照

封至模（中）与易俗社学生王芷华（左）、全巧民（右）合影

《游西湖》剧照：陕西省戏曲剧院学生马蓝鱼饰李慧娘

封至模（右）与陕西省戏曲剧院学生安建英（左）合影

封至模与陕西省戏曲剧院学生在一起
(从左起分别为杨富学、奚平华、封至模、马瑜归、苗德发、贺林)

陕西省戏曲剧院学生黄权中赠封至模照片

陕西省戏曲剧院学生鱼在江赠封至模照片

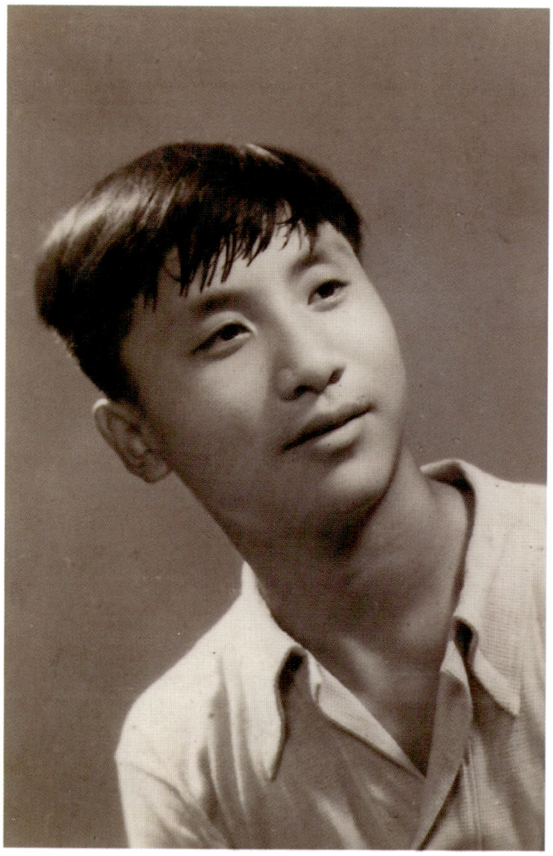

陕西省戏曲剧院学生杭立文赠封至模照片

封至模（右）与陕西省戏曲剧院学生贺林（左）合影

封至模（左）为陕西省戏曲剧院学生姜兰君（中）、贺林（右）排戏

封至模（1893年12月26日—1974年8月8日）

在生命的最后时光，身在南京的封至模仍想念着故乡，特意找来《陕西日报》拍下了这幅照片。画面里的他神态慈祥、目光深情，仿佛凝望着故乡与那里的戏曲事业……

后　记

封至模先生是陕西近现代历史上声名远扬的戏剧通才。2024 年是封至模先生逝世五十周年，我们出版《剧坛楷模——封至模画传》(以下简称“《画传》”)，就是想要通过这种方式纪念这位在编、导、演、研各方面都成就突出的大家，勉励后人学习他的高贵品质、传承他的艺术精神。根据分工，吴小侠负责全书统稿、最终审定，李梦希、苟登财负责文字拟定、图片编选，霍耀武、王少亮负责相关事务统筹协调，封山、刘秉军负责后期保障。

具体来讲，2023 年 6 月，由霍耀武、王少亮倡议的《画传》编撰工作启动，封至模先生嫡孙封山提交了他与张彬最新整理、扫描出的封至模先生旧藏珍贵照片一千余张。苟登财对封山所提供的图片和李梦希完成的封至模年谱进行编选，同时，他撰写了图注及部分封至模先生的发展履历。他本人及胡小毛、路增远、陈静所收藏的部分珍贵图片也被收录在本书中。张卓拟定了各篇章的名称，路增远题写了“剧坛楷模”四个字书名。李梦希对书稿内容进行补充并对全稿进行调整布局。张思望、郝飞剑对书稿进行了精心排版。最终，书稿经主编吴小侠统一体例，修正错漏，交由西安交通大学出版社出版。

《画传》的出版得到了相关单位、人士的热切关注和不吝帮助。陕西夏声社文化传媒有限公司出资印制初稿，赠送一些关注此书出版的艺术家及专家学者以收集意见。封至模先生哲嗣封玉书一直挂念着《画传》的出版事宜，曾多次表示关心，给大家不少鼓励。中国戏剧家协会荣誉主席尚长荣、原西安市文化局局长苏育生为《画传》慨然作序，为本书内容增添了光彩。封至模先生侄孙封五昌细致、认真地阅读了《画传》的初稿，纠正了书稿中存在的个别错误。此外，参与《画传》图片识别和文字核对工作的还有尚慧敏、任跟心、徐俊霞、芦笛、张振秦、王阳楠、张昆昆、赵宇、刘洋、韩雨晴、蒋凯运等前辈和友人，在此一并致谢。

封至模先生的一生，是多姿多彩、壮丽恢弘的一生。从他的经历中，我们可以看到陕西乃至中国半个多世纪的戏剧文化变迁，他的艺术追求精神对后代影响极大。《画传》还存在一些不尽如人意的地方，希望大家批评、指正，以便今后修改、完善。若《画传》这本书能让更多人对封至模先生的生平、艺术有更深入的了解，也能为大家研究和学习封至模先生提供一定史料，那我们编撰、出版《画传》的目的也就达到了。

最后，再次感谢所有为《画传》编撰、出版做出贡献的人士和单位，让我们一道借助这本《画传》，向封至模先生致以最崇高的敬意!